AF533485

W. TIMOTHY GALLWEY
ROBERT KRIEGEL

INNER GAME SKI

Skigenuss durch natürliches Lernen

allesimfluss_verlag

allesimfluss-Verlag und Shop AG, Am Rebberg 11, D – 79219 Staufen
Telefon +49 – 7633 – 933480 / Fax +49 – 7633 – 9334811
www.allesimfluss-verlag.de / kontakt@allesimfluss-verlag.de

1. Auflage November 2011, der 1997 überarbeiteten Fassung.

Autoren: W. Timothy Gallwey und Robert Kriegel
Projektleitung: Frank Pyko
Übersetzung: Roswitha Menke
Umschlaggestaltung: Meike Herzog
Layout und Satz: Satzbüro B. Herrmann
Korrektur: TextBüro Meßmer
Druck und Bindung: fgb · freiburger graphische betriebe GmbH

Printed in Germany

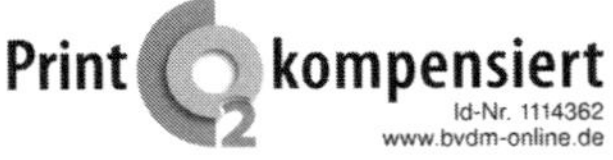

Veröffentlicht in den USA 1977 von Random House Inc., New York
unter dem Originaltitel „Inner Skiing". Eine Überarbeitung erfolgte 1997.

ISBN 978-3-9809167-5-2

VORWORT VON W. TIMOTHY GALLWEY: ZWISCHEN GEFÜHL UND TECHNIK

Seit der Veröffentlichung von Inner Game of Tennis im Jahr 1974 wird auch Skifahren grundlegend anders unterrichtet. Zu meiner Überraschung setzten sich viele Skilehrer intensiv mit den Ideen des Buches auseinander, sogar intensiver als die meisten Tennislehrer. Und noch bevor ich beschloss, gemeinsam mit Bob Kriegel *Inner Game Ski* zu verfassen, nutzten Skitrainer in Vail und Aspen die Prinzipien und Techniken des Inner Game für ihre Arbeit.
Damals wusste ich noch nicht, dass dieses Interesse vor allem von der pädagogischen Arbeit von Horst Abraham herrührte. Abraham, ein gebürtiger Österreicher, war Direktor für Ausbildung und Entwicklung an der Skischule in Vail. In gleicher Funktion arbeitete er dreizehn Jahre lang für den Nationalen Verband der Skilehrer in den USA (PSIA). Er stammte aus Wien und besaß sämtliche Trainerlizenzen in Österreich, Frankreich und Deutschland. Allerdings hatte er schon früh in seiner Karriere die Wirksamkeit des autoritären Stils im österreichischen Skitraining offen hinterfragt. Er verließ daraufhin seine Heimat unter dem Druck der österreichischen Ski-Granden, die sich seinen Wünschen nach Innovation widersetzten. In den USA wurden er und seine Ideen erfreut begrüßt, zunächst in Aspen, später auch in Vail. Er verband sein umfassendes Wissen über die Technik des Skifahrens mit Ideen von Psychologen wie Carl Rogers, Abraham Maslow und anderen aufgeklärten Denkern. Nach und nach erlebte die Skiwelt eine erfrischende Veränderung, weg vom rigiden Einheitsbrei der technikorientierten Skipädagogik, hin zu Lehr- und Lernmethoden, mit denen man natürliche Lernprozesse entdecken und ermöglichen konnte.

Eines Tages bat mich Abraham, den Skilehrern von Vail Montain Inner Game zu präsentieren – einer Gruppe von mehr als zweihundert Personen. Ich versuchte zunächst zu erklären, wie Skilehrer das Prinzip der nicht-wertenden Aufmerksamkeit bei ihrer Arbeit nutzen könnten. Nach einigen Minuten bemerkte ich, dass die Skilehrer zwar zuhörten, doch ihre Körperhaltung drückte Abwehr aus. Ich ahnte den Grund und änderte sofort die Richtung. Ohne jeden Bezug zum Skifahren sprach ich nun darüber, was ich über das natürliche Lernen herausgefunden hatte, als ich Tennis lehrte. Sofort verschwand die Ablehnung. Meine Zuhörer lehnten sich in ihren Stühlen nach vorn und hingen an meinen Lippen. Sie begannen zu lachen und stellten die Verbindung zu ihren eigenen Erfahrungen her. Am Ende bekam ich stehende Ovationen.

Danach kam einer nach dem anderen auf mich zu und suchte das Gespräch. Ich hörte im Grunde immer dasselbe: „Weißt du, Tim, beim Skifahren ist es ganz genau so!" – „Tatsächlich?", antwortete ich und tat überrascht. „Inwiefern denn?" Jetzt, da wir keine Konkurrenten in Sachen Skitraining mehr waren, konnten die Skilehrer offen mit mir über ihre Beobachtungen diskutieren: Wie effizient ist es tatsächlich, Kanten, Skier, Kurven und sogar Schwerkraft zu beobachten? Sie erzählten sogar Anekdoten, wie sich diese selbstkritische, überkontrollierende Stimme, die ich Selbst 1 nenne, auf der Piste als ebenso hinderlich erweist wie auf dem Tennisplatz.

Es ist im Tennis wie beim Skifahren: Ein Sportler ist dann am besten, wenn der Geist ruhig und fokussiert ist. Dann erleben auch Skifahrer diese plötzliche Höchstleistung, die in allen Sportarten ein Charakteristikum von Selbst 2 ist. Es wurde klar, dass sowohl Trainer als auch Sportler lernen müssen, ihr wertendes, überanalytisches Selbst 1 ruhig zu stellen, um auf die angeborenen und geradezu magischen Fähigkeiten ihres Selbst 2 zugreifen zu können.

Man könnte glauben, dass diese Ideen zu jener Zeit ziemlich abgehoben klangen. Doch Abraham hatte ihnen längst den Weg geebnet. Zum Glück waren er und seine Kollegen im

Ausbildungsgremium offen genug, um mit Spezialisten aus Biomechanik, Erziehung, Kinesiologie und Psychologie zusammenzuarbeiten. In diesem Umfeld war es fast unmöglich, neues Denken und Handeln einfach zu ignorieren. Die Skilehrer experimentierten mit Ansätzen, die die Lernenden und ihre Art zu lernen ins Zentrum stellten. Viele fanden heraus, dass die Lernenden damit Frustration und Unsicherheit vermeiden konnten – Dinge, von denen man bisher geglaubt hatte, sie gehörten zwangsläufig zum Lernprozess beim Skifahren. Anstelle der Forderung, sich „richtig" zu bewegen, wurden die Skischüler eingeladen, ihre eigenen Möglichkeiten zu entdecken. So kamen sie stärker mit ihrem Körper in Kontakt und ihre natürlichen Fähigkeiten zu lernen konnten sich besser entfalten.
Schon bald diskutierte die Skiwelt über fundamentale Prinzipien und Techniken, um die Kunst des Skifahrens zu lehren. Da Skilehrer untereinander engen Kontakt halten, konnten sie sich früher als Trainer anderer Sportarten mit dem Prozess des Lernens befassen und ihn verstehen. Im Gegensatz zu professionellen Golf- und Tennislehrern gehören Skilehrer meist zu Skischulen mit oft mehreren hundert Lehrern, die sich treffen, auf denselben Pisten unterrichten und täglich Gelegenheit haben, sich über ihre Ideen und Erfahrungen auszutauschen. Darüber hinaus kann die Lehrmethode einer Skischule zu ihrem Ruf beitragen und damit die Profitabilität des Skigebiets beeinflussen. An den Umsätzen zeigt sich, wie viele Anfänger eine Skischule anzieht und wie gut sie Kunden binden kann. Deshalb möchte jede Skischule im Ruf stehen, nach den fortschrittlichsten und effizientesten Lehrmethoden zu arbeiten.
Dennoch waren intellektuelle Führer und herausragende Lehrer wie Horst Abraham nötig, um die Ideen nachhaltig umzusetzen. Unter Abrahams Leitung entstand ein neuer Ansatz für die Skiausbildung, die „American Teaching Method", kurz ATM. ATM kombinierte das Wissen über effektive Fahrtechnik mit Erkenntnissen über den menschlichen Lernprozess. Dieser Ansatz unterschied sich klar von dem alten österreichischen

Skitechnikdogma. Er bot der internationalen Skiwelt eine Alternative zu der bislang dominierenden europäischen Art, Skifahren zu vermitteln. Und er rückte den Menschen, der das Skifahren erlernt, stärker ins Zentrum.

Etwa zur selben Zeit erschien die erste Auflage unseres Buches *Inner Game Ski* und eroberte einen Platz auf der Sachbuch-Bestsellerliste des *New York Times Book Review*. Das Buch zeigte, wie man Skifahren aus der eigenen unmittelbaren Erfahrung lernen konnte, und vermittelte zwei Schlüssel zum Erfahrungslernen. Zum ersten Schlüssel gehört im Wesentlichen eine gesteigerte, nicht wertende Aufmerksamkeit in jedem Augenblick des Skifahrens. Diese Aufmerksamkeit erreichen Sie, indem Sie immer stärker darauf achten, was an jeder Stelle Ihres Körpers passiert, während Sie gleichzeitig beobachten, was der Ski auf der Piste genau „tut". Der zweite Schlüssel ist nicht mehr als das *Vertrauen* in diese eigenen Fähigkeiten, die man unmittelbar aus der Erfahrung gewinnt. Skifahrer, die gelernt haben, sich selbst zu vertrauen, können ihre Fahrfähigkeit verbessern, ohne auf eine lange Liste von Anweisungen und Verboten ihrer Skilehrer zurückzugreifen. Ein Lehrer achtet in der Regel vor allem darauf, dass der *Körper des Schülers* sich so bewegt, wie es *aus Sicht des Lehrers* sein sollte. Um dieses Maß an Aufmerksamkeit und Vertrauen zu erreichen, muss der Skischüler die kritischen, überkontrollierenden Stimmen im eigenen Kopf ruhig stellen.

Es überrascht nicht sonderlich, dass die Skilehrer ganz unterschiedlich auf diese neuen Prinzipien reagierten. Es entwickelte sich eine lebhafte Debatte über Themen wie nicht wertende Aufmerksamkeit für Körper und Ski, spielerisches Lernen, innere Bilder, Erfahrungslernen, Entdeckung, Begeisterung für die rhythmischen Bewegungen, Umgang mit Angst, Lernen ermöglichen, anstatt zu lehren, die eigenen Fähigkeiten entdecken, statt sture Technik zu vermitteln. Diejenigen, die das Phänomen des natürlichen Lernens kannten, begriffen auch die Gültigkeit der Prinzipien des Inner Game Ski. Sie entwickelten Lehrmethoden, die sowohl Skilehrer als auch Skischüler von hohem Druck befreiten. Skifahrer und Skilehrer fühlten sich weniger eingeschränkt und konnten auf einmal erforschen, wie sich ihr eigener Körper und ihre Persönlichkeit im Skifahren und im Lehren ausdrückten. Auf diese Weise machte es nicht nur mehr Freude, Skifahren zu lernen, nein, Inner Game wurde auch zu einer Metapher für Freiheit und Autonomie, die man auch sonst in seinem Leben verwirklichen konnte.

Gleichzeitig gab es ablehnende und kritische Stimmen aus dem Lager jener Skilehrer, die nicht bereit waren, die standardisierten Lehrmethoden aufzugeben. Ihre Position wurde durch die Tatsache gestützt, dass es durchaus wertvoll ist, sich während des Lernprozesses auch mit der Technik des Skifahrens zu befassen. Die Debatte führte zu zwei entgegengesetzten Auffassungen: zum einen ATM, die Technik als Hintergrundwissen betrachteten und die Einfachheit des Ansatzes von Inner Game Ski favorisierten, zum anderen die Gruppe, die Skifahren ausschließlich über Technik vermitteln wollte. Für diese Gruppe gab es nur das Lehren nach Lehrplan, sie drängte auf Formalismen und lehrerzentriertes Unterrichten. Selbstverständlich gab es auch Skischüler, die sich Lehrer wünschten, die ihnen Anweisungen und Verbote zubrüllten. Schließlich haben die meisten von uns gelernt, dass man so lehrt, und genau dafür bezahlen wir viel Geld. Für viele Skilehrer war es schwierig, die Balance zu finden zwischen einem Ansatz, der vor allem die Bedürfnisse des Menschen in den Mittelpunkt stellt, und der harten Vermittlung technischer Disziplin.

Das Original von Inner Game Ski stand eindeutig auf der Seite der Befürworter des natürlichen Lernens. Auch jetzt finde ich nur wenig, was ich im Originaltext verändern möchte. Die Prinzipien und Techniken gelten heute ebenso wie zur Zeit der Erstausgabe. Heute jedoch sind Themen wie Körperbewusstsein, Vertrauen in den eigenen Instinkt, Lernen durch Aufmerksamkeit und die simple Freude am Skifahren für kaum jemanden neu. Und jeder kennt den gravierenden Unterschied, ob er etwas mit dem Kopf oder mit dem Körper weiß. Doch noch immer kommen zu viele Anweisungen der Skilehrer und die zu starke Kontrolle der Skier den spontanen Höchstleistungen auf der Piste in die Quere.

Einer der Lehrermythen, die sich beim Skifahren genauso hartnäckig halten wie im Golf oder im Tennis, ist der Glaube, Sportler können und sollen die Profis imitieren. Also: Wenn Sie eine Kurve korrekt ausführen wollen, dann beobachten Sie, wie es ein Rennläufer an seinem besten Tag macht, und machen es nach. Videokameras mit Zeitlupenfunktion erleichtern die Beobachtung der Besten. Auch schnelle Bewegungen lassen sich so im Detail analysieren und beschreiben. Mithilfe derselben Technik können Skischüler und Lehrer auch ihre eigene Technik analysieren und den Unterschied zu den Besten herausfinden. Dann gehen sie zurück auf die Piste und passen die Bewegungen des Schülers entsprechend an.

Der Denkfehler liegt natürlich darin, dass das, was für den Leistungssportler richtig ist, nicht unbedingt für den Freizeitläufer stimmen muss. Selbst wenn eine Eichel das Potenzial hat, eine Eiche zu werden, heißt das noch lange nicht, dass sie dieses Potenzial verwirklichen kann, indem sie einen ausgewachsenen Baum nachahmt. So sieht man beispielsweise bei Rennläufern Bewegungen, die jeden langsameren Fahrer garantiert zu Fall bringen.

Horst Abraham und sein Team erkannten, dass diese neue Lehrphilosophie die meisten Skifahrer und viele Skilehrer eher verwirrte als förderte. Sie begannen daher, das System zu strukturieren, indem sie allgemeine Grundfähigkeiten wie dynamische Balance, Druckkontrolle, Kanteneinsatz und Drehbewegungen definierten. Diese Grundfähigkeiten sollen quasi die Spielwiese sein, wo Skischüler und -lehrer gemeinsam entdecken und erforschen können, wie der Schüler sein fahrerisches Können verbessert. Mit diesem Ansatz vereinfachten und inspirierten sie den Lernprozess. Der Lernansatz erwachte förmlich zu neuem Leben und erwarb sich innerhalb weniger Jahre auch international Respekt.

Einige Jahre nach dieser flächendeckenden Akzeptanz ging der ursprüngliche Entdeckergeist mehr und mehr verloren. Die Skilehrer konzentrierten sich auf die neuen Strukturelemente, als seien sie das Maß aller Dinge, und sie wurden so rigide und unflexibel wie früher. Milton Beens, Ausbildungsleiter des PSIA (Professional Ski Instructors of America), erklärte mir einmal, was hier vor sich ging: Sobald sich eine Lehrmethode durchsetzt und Lehrer und Trainer nach dieser Methode arbeiten müssen, um zertifiziert zu werden, lösen mechanisches Lernen und rigide Vorschriften die Kräfte ab, die ursprünglich zum Erfolg geführt haben. Unsere ergebnisorientierte Kultur lädt Teilzeitskilehrer geradezu ein, Dinge so zu lehren, wie die Lehrbücher es ihnen vorschreiben, anstatt selbst zu denken und die Dynamik des Lernens wirklich zu verstehen.

Und so schwingt das Pendel in kleineren und größeren Ausschlägen hin und her - vom *Feuer* des spontanen, lebendigen Lernens zur *Form* irgendwelcher Dogmen und Behauptungen. Da ich selbst nie „Skitechnik" gelernt habe, haben mich Diskussionen darüber, welche dieser „Techniken" aus welchem Grund besser sei, nie interessiert. Bei *Inner Game Ski* geht es darum, wie Sie am besten diejenige Technik erlernen, die Sie selbst erlernen möchten. In Kapitel 7, „Skitechnik entdecken", zeigen wir einen einfachen Weg, um die Lücke zwischen natürlichem Lernen und Skitechnik zu schließen - unabhängig von der Technikschule. Es geht darum, zu lernen und sich selbst nicht im Weg zu stehen. Dieses Kapitel zeigt Ihnen, wie Sie Hinweise und (Selbst-)Beobachtungsaufgaben einsetzen können, um Ihre Fahrtechnik zu optimieren.

Doch nicht nur das Wissen über Lehren und Lernen ist gewachsen, auch die Skiausrüstung hat sich weiterentwickelt. Das hat erhebliche Auswirkungen auf den Lernprozess; auch die Fahrtechnik hat sich verändert. Änderungen beim Material oder bei Form und Größe des Sportgeräts führen dazu, dass Profis und Freizeitsportler bereit sein müssen, ständig Neues zu lernen und sich den Veränderungen anzupassen. Das gilt für Golf und Tennis ebenso wie für Skifahren. Ich persönlich heiße solche Entwicklungen sehr willkommen. Alles, was uns zwingt, uns anzupassen, uns zu verändern, weiterzulernen, hilft uns, die sehr menschliche Tendenz zum

Stillstand zu überwinden, und bereitet uns auf das lebenslange Lernen vor, ohne das wir in der heutigen Welt nicht bestehen können.

Es ist doch faszinierend und geradezu amüsant: Gerade als das Pendel der Lehrmethoden wieder zurückschlug zur rigiden, starren Seite, da landeten die Snowboarder auf den Pisten. Ungezwungen und unüberhörbar war ihr Ruf: „Hier sind wir! Und uns interessiert keine einzige Lehrmeinung. Wir erfinden eine völlig neue Art, uns im Schnee und in der Luft über dem Schnee zu bewegen." Natürlich hörten wir dies zuerst von den Jungen, den Unerschrockenen, den Ruhelosen, von denjenigen, die die Grenzen ihrer persönlichen Freiheit austesten wollten – oft um den Preis ihrer Sicherheit. Es gab anfangs keine Snowboardlehrer. Alle, die aus dem vorgegebenen Rahmen ausbrechen wollten, trugen dazu bei, Sport auf den Pisten neu zu „erfinden". Jeden Tag entstanden neue Bewegungen, neue Sprünge, aufregende Tricks und eine ganz neue Sprache, um all das zu beschreiben und zu bejubeln. Gleichzeitig wurden Stiefel, Bindungen und Bretter von denjenigen optimiert, die sie benutzten. Snowboarder konnten nichts anderes tun, als aus Erfahrung zu lernen. Der Geist dieser neuen Sportart hat sich als ansteckend erwiesen und die Innovationsgeschwindigkeit war, vorsichtig ausgedrückt, stürmisch. Snowboard hilft uns, das Pendel, das schon eine ganze Weile auf der „Formalismus"-Seite stecken geblieben war, wieder in Richtung Freiheit zu bewegen.

Doch auch Snowboarden ist erwachsen geworden. Menschen jenseits der dreißig, jenseits der vierzig ziehen ihre Schwünge über die Pisten, auf Boards von etablierten, erfahrenen Herstellern. Hochglanzmagazine preisen Snowboardausrüstungen an, Lehrbücher erscheinen, und in jedem Skigebiet findet man auch Snowboardlehrer. Natürlich gibt es inzwischen auch nationale und internationale Verbände, die zwar regulieren und lenken, aber hoffentlich auch den innovativen Geist bewahren, der diesen noch immer schnell wachsenden Sport ins Leben gerufen hat.

Kapitel 9, „Snowboarden", zeigt, dass jeder einfach und sicher lernen kann, Snowboard zu fahren, und dass sich die Mühe lohnt. Genau das, was das Snowboardfahren so schwierig macht, bringt uns auch abseits der Skipisten weiter. Pat McNamara war schon 53, als er anfing, Skifahrern den Spaß am Snowboarden zu vermitteln. Ich habe ihn einmal gefragt, was für Skifahrer beim Umstieg auf das Board das Schwierigste sei. Er erklärte mir, dass es mit dem Snowboard viel einfacher sei, Kurven zu fahren, doch dass erfahrene Skifahrer sich schwer damit täten, plötzlich wieder Anfänger zu sein. „Man braucht eine bestimmte Art von Demut, um bereit zu sein, wieder auf dem Idiotenhügel zu üben, wenn man schon schwierige schwarze Pisten locker im Griff hatte."

Ein guter Snowboardschüler kann nur derjenige sein, der bereit ist, wieder zum Anfänger zu werden – egal, wie viel Erfahrung er hat. Die Bereitschaft, nichts zu wissen und sich mit diesem Nichtwissen wohlzufühlen, ermöglicht Kindern und Erwachsenen entspanntes Lernen ohne Angst. Damit das möglich ist, muss ich die Vorstellung, kompetent zu sein, loslassen und bereit sein, ganz von vorn zu beginnen. Übrigens erleben viele Skifahrer ähnliche Übergänge auch an ihrem Arbeitsplatz, wenn neue Technologien und Reorganisationen ihnen plötzlich völlig neue Fähigkeiten abverlangen. Das moderne Leben ist nicht sehr freundlich zu Menschen, die sich zu sehr in eingefahrenen Gleisen bewegen. Es verlangt von uns, alte Handlungsweisen zu entlernen und sich Veränderungen anzupassen, ohne die innere Balance zu verlieren. Wir sind gefordert, unser angeborenes Talent zum Lernen wiederzuentdecken – auch wenn dazu Demut nötig ist.

Daher geht es im Kapitel „Snowboarden" weniger um das Snowboardfahren als ums Lernen. Es geht darum, wie und warum jemand auf die Idee kommen könnte, Snowboardfahren zu erlernen. Es geht darum, wie wertvoll es ist, nicht in eingefahrenen Gleisen stecken zu bleiben, sondern offen für Neues zu sein. Und es geht darum, so zu lernen, dass die eigene Sicherheit und die der anderen gewahrt ist. Ob Sie als Leser schon ein begeisterter Snowboarder sind oder ob Sie sich entschieden haben, Ihr Lebtag nicht zwei Füße seitwärts auf ein einzelnes Brett zu schnallen - dieses Kapitel lädt Sie ein, Ihre Balance zu finden zwischen dem *Feuer* des Neuen und Spontanen und der *Form*, die aus dem Alten das Beste herauszufiltern versucht.

Für mich war Skifahren immer ein Ausdruck meiner Freiheit und erweiterter Bewegungsmöglichkeiten. Ob auf einem oder zwei Brettern, es ist immer aufregend, einen Abhang viel schneller hinunterzugleiten, als die Füße es je erlauben würden. Dies auch noch mit Grazie, Eleganz und Mut zu tun, ist und bleibt attraktiv. In keinem anderen Sport, den ich kenne, sind zu viele Vorschriften so schädlich wie beim Skifahren. Das ist kein Sport, den man praktizieren kann, indem man sich Grenzen und Vorschriften anpasst. Es ist ein Sport, bei dem jeder seine eigene Freiheit und das Vertrauen in die eigene innere Balance erfahren kann. Nur das kann die äußere Balance sicherstellen, die nötig ist, um sich mit hoher Geschwindigkeit zu bewegen.

Skifahren ist darüber hinaus eine Sportart mit hoher Verletzungsgefahr für sich und andere. Mit neuem, schnellerem, glatterem und schärferem Material sind Geschwindigkeiten möglich, die außerhalb der eigenen Kontrolle liegen können. Auf den gut präparierten breiten Pisten in den modernen Skigebieten nimmt man die eigene Geschwindigkeit gar nicht mehr wahr, bis man auf einmal anhalten muss, um einen Zusammenstoß zu vermeiden. Jeder Fahrer braucht erhöhte Aufmerksamkeit für die anderen auf der Piste und für die Grenzen seiner eigenen Fähigkeiten. In diesem Sinne ist der Skisport eine fantastische Metapher für das moderne Leben, in dem wir dauernd aufgerufen sind, uns sicher auf sich stets veränderndem, unerwartetem Gelände zu bewegen, während wir gleichzeitig aufmerksam genug bleiben müssen, um unsere eigene Sicherheit und die der anderen nicht zu gefährden.

Ich hoffe, dass diese neue Ausgabe von Inner Game Ski Ihre Freude an diesem wunderbaren Sport steigert und Ihr Wachsen und Lernen gleichzeitig leichter und effizienter macht - auf und überall neben der Skipiste.

ANMERKUNGEN

Hinweise der Autoren

Wer ein Buch liest, das von zwei Autoren verfasst wurde, hat Anspruch auf eine kurze Erklärung. Wie haben die Autoren tatsächlich zusammengearbeitet? Ich selbst hatte zwar verstanden, dass die Prinzipien des Inner Game einen praktischen Beitrag im Skisport leisten können, jedoch war mein Wissen über diesen Sport sehr begrenzt. Bob Kriegel brachte nicht nur die nötige Erfahrung im Skifahren und in Psychologie mit, sondern auch ein ganz praxisnahes Verständnis für Inner Game. So ist *Inner Game Ski* eine echte Gemeinschaftsarbeit; jeder von uns war sowohl an der Konzeption als auch am Schreiben beteiligt. Meist haben wir unsere langen Diskussionen über Inhalt und Aufbau jedes Kapitels aufgezeichnet, und Bob hat daraus einen ersten Entwurf gemacht. Aus diesem Grund ist mit dem „ich" in diesem Buch meist Bob gemeint. Ich habe daraus eine zweite Fassung entwickelt, und diese haben wir dann gemeinsam „poliert".
Die Änderungen in dieser überarbeiteten Version, das Vorwort und die Kapitel „Skitechnik entdecken" und „Snowboarden" stammen von mir.

W. Timothy Gallwey

Hinweise des Verlegers

Inner Game of Ski ist mit mehr als 250.000 verkauften Exemplaren ein Weltbestseller der Skiliteratur geworden. Das ist umso erstaunlicher, weil dieses letztmals 1997 überarbeitete Werk kein Lehrbuch ist. Es zeigt eben nicht, welche Skitechnik man aktuell anwenden muss, um den größten Erfolg zu erzielen. Genau darum ist es auch heute noch so aktuell.

Denn das Skimaterial und die damit verbundenen Fahrtechniken unterliegen einem ständigen Wandel. Als dieses Buch geschrieben wurde, war der Parallelschwung mit Brettern von 2,20 Meter Länge das Nonplusultra – mit einer sehr engen Skiführung und starker Belastung des Außenskis. Aktuell dominieren die Carvingskier. Diese wendigen Skier ermöglichen ein viel leichteres „Kurven". Der Körperschwerpunkt liegt eher mittig und die Skiführung ist insgesamt breiter geworden. Aktuell erfreut sich das Tourenfahren wachsender Beliebtheit. Doch mit Freerider- und Twintip-Ski stehen die nächsten Innovationen im alpinen Bereich bereit, die vielleicht sogar dem Snowboard-Boom etwas entgegensetzen werden. Und wer weiß, was in einigen Jahren hinsichtlich Material und Skitechnik das Maß der Dinge ist.
Dieses Buch wird es dann immer noch geben. Denn keinem Wandel unterliegt der Wunsch, die Freude an diesem Sport ausleben zu können. Freude ist jedoch keine Frage von Material und Technik. Freude entsteht durch den Umgang mit den Herausforderungen des Sports und mit dem Spaß am Lernen ohne Anstrengung. Genau hier liegt der besondere Wert des Buches. Denn den Autoren ist es gelungen aufzuzeigen, wie jeder seinen Skigenuss nachhaltig steigern kann. Jederzeit. Dass die Idee von Inner Game noch weit über das reine Skifahren hinausreicht, macht dieses Werk zu einem Klassiker im besten Sinne.

Frank Pyko

1 SKIFAHREN IST MEHR ALS EIN SKISCHWUNG

Wenn alles läuft, wie es soll, entsteht beim Skifahren eine Magie, die alles übersteigt, was ich je in anderen Sportarten erlebt habe. Ich segle förmlich den Berg hinunter, mein Körper findet seine Balance gleichsam automatisch Schwung um Schwung, mein Geist ist so klar wie die kalte Bergluft auf meinem Gesicht, mein Herz fühlt sich warm an wie die Sonne, und ich mache eine Erfahrung, die mich wieder und wieder auf den Hang zurückruft.

Doch viel zu oft wird die Magie zum heulenden Elend. Sorgenvolle Gedanken stellen sich ein. Ich verliere meinen natürlichen Rhythmus, mache uralte Fehler und stürze ohne Not. Ich rappele mich wieder auf, kalt, nass, mutlos, und frage mich, ob Skifahren all diese Mühen wert ist. Werde ich dieses anscheinend endlose Lernplateau in meiner Skikarriere jemals verlassen können und so Ski fahren, wie ich es gerne möchte? Werde ich je wieder den Berg „so hinunterfliegen"? Eine innere Stimme sagt: „Vermutlich nicht." Und eine andere drängt mich, es wieder und wieder zu versuchen.

Inner Game Ski will die Freude am Skifahren für Sie steigern und das heulende Elend verringern. Sie lernen, die Frustrationen zu umgehen, die Ihre Freude und Ihre Freiheit behindern. Und Sie lernen, wie Sie einen Geisteszustand erreichen, in dem Sie den Sport nicht nur genießen, sondern auch persönliche Bestleistungen erzielen. Eine Voraussetzung dafür ist die Erkenntnis, dass es weder die äußeren Bedingungen noch der Mangel an technischen Fertigkeiten ist, der uns daran hindert, Skifahren in bester Form zu erleben. Es sind vielmehr Zweifel, Ängste und Gedanken im eigenen Kopf. Wer Inner Game Ski praktiziert, erkennt, dass seine größte

Herausforderung und damit auch seine größten Chancen darin liegen, die selbst gesetzten mentalen Grenzen zu überwinden, die den vollen Ausdruck seines körperlichen Potenzials ermöglichen.
Ängste und Zweifel im Kopf werden automatisch als Verspannung, Steifheit und Ungeschicklichkeit in den Körper übertragen. Das hindert uns nicht nur daran, uns flüssig zu bewegen, sondern auch daran, das Gelände deutlich zu erkennen. Inner Game Ski zielt darauf ab, die nötigen Fähigkeiten zu entwickeln, um solche inneren Hindernisse zu erkennen und zu überwinden. Mit diesem Ansatz lernt der Skifahrer die Kunst der entspannten Konzentration und dem Lern- und Leistungspotenzial des eigenen Körpers zu vertrauen. Er entdeckt, dass das Erfolgsgeheimnis beim Skifahren darin liegt, etwas nicht angestrengt zu probieren, und dass seine Erfahrung der beste Lehrmeister ist. Er entwickelt eine innere Gelassenheit, sodass er Stürze und Fehler als Lernchance und nicht als Grund für Ärger und Frust begreift.
Der Inner Game-Ansatz ist nicht neu. Er ähnelt dem Weg, den wir als Kinder gegangen sind, als wir gelernt haben zu laufen, zu sprechen oder einen Ball zu werfen. Er nutzt eher das Unterbewusste als das beabsichtigte Bewusste. Wir müssen diesen Prozess nicht erlernen, denn wir kennen ihn schon. Wir müssen bloß die Angewohnheiten und Konzepte entlernen, die unsere natürliche Lernfähigkeit stören, und wir müssen der angeborenen Intelligenz unseres Körpers trauen.
Die Lern- und Leistungsprinzipien von Inner Game sind grundsätzlich in den meisten Sportarten und anderen Aktivitäten gleich. Allerdings hat jede Sportart ihre eigenen inneren und äußeren Herausforderungen. Tennis verlangt zum Beispiel nach ausdauernder visueller Aufmerksamkeit während langer Perioden körperlicher Anspannung. Langstreckenlauf bietet die Chance, mentale wie körperliche Ausdauer aufzubauen. Golf benötigt eine subtile Art der mentalen Konzentration und feinste Bewegungskontrolle. Mannschaftssport lehrt uns Zusammenarbeit und wie wir

unser Ego im Sinne des Teams aufgeben können. Im weiteren Verlauf dieses Kapitels geht es um häufig vernachlässigte Gelegenheiten, beim Skifahren etwas Umfassenderes zu lernen als bloß einen Skischwung. Eine gute Kurve ist nicht schwierig, wenn wir erst einmal wiederentdeckt haben, *wie* man lernt.

VERGESSEN SIE ALLES, WAS SIE ZU WISSEN GLAUBEN

Erinnern Sie sich an das komische Gefühl, zum ersten Mal in die steifen Skischuhe zu schlüpfen und diese langen Bretter an die Füße zu schnallen? Erinnern Sie sich an Ihre Angst und Unbeholfenheit bei Ihren ersten Bewegungen auf den Skiern? Die meisten Sportarten haben eines gemeinsam: Ob Basketball oder Volleyball, Tennis, Golf, Wandern, Klettern oder Boxen ... wir bewegen uns auf der Erde, indem wir gehen oder rennen. Selbst wenn wir keinen Schimmer von den Regeln oder der Technik des Sports haben, wissen wir doch immerhin, wie wir uns bewegen müssen. Aber beim Skifahren gilt es zu gleiten, statt zu laufen, und der Untergrund verhält sich unseren Füßen gegenüber völlig anders als sonst. Wenn wir zum ersten Mal auf Skiern stehen, verlieren wir das Gefühl von sicherem Halt auf festem Boden. Wir brauchen das Gewicht nur minimal zu verlagern, und schon geraten wir aus dem Gleichgewicht und stürzen.

Deshalb müssen wir uns beim Skifahren einer Grundherausforderung stellen: der Angst, das zu verlieren, was uns vertraut ist.

Dieses Gefühl der Unsicherheit ähnelt dem, das uns befiel, als wir zum ersten Mal die Füße auf die Pedale eines Fahrrads setzten, als wir uns zum ersten Mal von der Bande der Schlittschuhbahn abstießen, als wir versuchten, uns im Wasser treiben zu lassen. Genau wie damals müssen wir auch als Skineulinge bereit sein, unsere bekannten Steuerungsmechanismen aufzugeben, um neue zu erlernen. Wer das versucht, gerät womöglich erst einmal in Panik. Als wir schwimmen lernten, paddelten wir wie wild mit Armen und Beinen, um uns über Wasser zu halten. Beim Skifahren halten wir unseren Körper ganz steif in der Hoffnung, nicht umzufallen.

Doch dieser Kampf, in einer neuen Umgebung die Kontrolle zu behalten, stört mehr, als dass er uns hilft. Gegen ein neues Element zu kämpfen, verhindert, dass wir lernen, damit umzugehen.

Ein Skianfänger befindet sich in einer ähnlichen Situation wie jemand in einem Raum, in dem plötzlich das Licht ausgeht. In nachtschwarzer Dunkelheit sind unsere Augen nutzlos, dabei sind gerade die Augen besonders wichtig, um Informationen über unsere Welt aufzunehmen. Wer jetzt in Panik gerät und blindlings nach dem Lichtschalter tappt, wird garantiert irgendwo anstoßen, etwas herunterwerfen oder sich gar verletzen. Wenn wir jedoch abwarten und unseren Augen erlauben, sich an das Dunkel zu gewöhnen, erkennen wir wieder Formen und fühlen uns wieder sicher. Ähnlich ist es beim Skifahren: Wenn wir ruhig bleiben und uns nicht gegen die Erfahrung des Gleitens wehren, gewöhnt sich unser Körper schnell an diese neue Form der Fortbewegung, und wir fassen wieder Vertrauen.

Ein Anfänger ist sämtlicher Bezugspunkte für die Bewegung des eigenen Körpers beraubt, und die meisten Menschen halten in dieser Situation umso stärker an den Bewegungsmustern fest, die sie gewohnt sind. So lehnen sie sich zum Bremsen oder Anhalten instinktiv nach hinten und versuchen, die Fersen in den Boden zu stemmen – so, wie man es eben vom Laufen kennt. Um nicht zu stürzen, lehnen sie sich ebenso automatisch zum Berg. Doch Skifahren gehorcht anderen Bewegungsgesetzen: Wer sich zurücklehnt, fährt schneller, wer sich zum Berg lehnt, spürt, wie die Skier talwärts wegrutschen. Diese Reaktion der „Bretter" ist für den Skianfänger so überraschend, als würde sein Auto beschleunigen, wenn er auf die Bremse tritt. Er gerät noch mehr in Panik, lehnt sich noch stärker zurück, um endlich stehen bleiben zu können, die Skier werden noch schneller, er verliert das Gleichgewicht, stürzt und so weiter.

Ich werde mein erstes Mal auf Skiern nie vergessen. Ich fuhr mit dem Übungslift einen kleinen Hügel hinauf, brachte meine Skier in Schneepflugstellung, so wie ich es bei anderen

Anfängern gesehen hatte, und stieß mich ab. Sobald ich unterwegs war, wurde mir klar, dass ich keine Ahnung hatte, wie ich bremsen oder anhalten sollte. Ich fuhr weit nach vorn gebeugt, und mein Körper versteifte sich vor lauter Angst in dieser Haltung. Ich hatte das Gefühl, ich würde sofort zu Boden stürzen, wenn ich nur einen einzigen Muskel entspannte. Kurz: Ich war eine fahrende Statue. Sobald ich das Gefühl hatte, zu schnell zu sein, oder das Ende der kurzen Piste erreichte, hielt ich an, indem ich mich nach hinten fallen ließ. Anders ging es nicht. Nach einigen Abfahrten wurde ich schneller, die Stürze wurden spektakulärer. Auf der Suche nach einer weniger schmerzhaften Bremstechnik versuchte ich vergeblich, die Skistöcke vor mir in den Boden zu rammen. Der Frust darüber verstärkte meine Bemühungen, ich biss die Zähne zusammen, bis der Kiefer schmerzte. Doch je mehr ich ausprobierte, desto verkrampfter wurde ich. Ich stürzte immer öfter.

Schließlich sagte ich mir: „Zur Hölle mit der Bremserei. Ich höre jetzt auf, mit dem Hügel zu kämpfen, und werde einfach Ski fahren. Es kann ja nicht schlimmer werden, als es jetzt ist." Mit dieser Aufmunterung konnte ich mich ein kleines bisschen entspannen und obwohl ich es noch immer sehr beängstigend fand, einfach den Hügel hinunterzurutschen, stürzte ich nicht mehr so häufig. Einige Abfahrten später begann ich, meine Skier wahrzunehmen. Ich bemerkte, was sich veränderte, wenn ich mich nach links oder rechts, nach vorn oder hinten lehnte. Als ich mich dieser Gleitbewegung anvertraute, gewann ich nach und nach etwas mehr Kontrolle. Obwohl ich wusste, dass meine Kurven keineswegs lehrbuchmäßig aussahen, war ich bald schon in der Lage, in die Richtung zu fahren, in die ich wollte, und ich konnte anhalten, ohne hinzufallen. Mit anderen Worten: Ich lernte Skifahren.

Wie fast alles, so lernt man auch Skifahren vor allem durch die eigene Erfahrung. Wenn wir erst einmal unsere vorgefassten Erfahrungen über Bewegung vergessen, fühlen wir, wie es ist, auf dem Schnee zu gleiten. Ohne Anstrengung lernt unser Körper aus den neuen Erfahrungen, genauso wie er gelernt hat zu schwimmen oder Rad zu fahren. Wenn wir uns dieser Erfahrung nicht widersetzen, während wir eine Piste bewältigen, lernen wir viel mehr als nur eine neue Form der Bewegung. Wir lernen, mit dem Unerwarteten umzugehen, wann immer es sich zeigt. Wir entdecken, dass wir uns nur dann an merkwürdige und unbekannte Erfahrungen anpassen können, wenn wir bereit sind, unsere Abhängigkeit von alten Konzepten aufzugeben.

ÄNGSTE ÜBERWINDEN

Sobald ein Skifahrer besser wird, möchte er schneller fahren, schwierigere Abfahrten ausprobieren, die bekannten Pisten hinter sich lassen und Neues versuchen. Aber so aufregend die Fahrt mit dem Sessellift zum höchsten Punkt des Skigebiets auch ist – es ist auch beängstigend.

Grenzen zu überschreiten, ist immer mit Risiko verbunden und macht Angst. Gleichzeitig ist es ein natürlicher Wachstumsprozess, der begonnen hat, als wir den Mutterleib verließen. Wenn wir zum ersten Mal eine schwierigere Abfahrt fahren, kann es sein, dass wir die Kontrolle verlieren, dass wir stürzen, uns verletzen, dass wir uns blamieren und uns dessen schämen. Risiko ist wie ein Pendel: Es schwingt von der aufgeregten Freude über Wachstum und Entdeckung auf der einen Seite zur Angst auf der anderen.

Angst ist eine hemmende Kraft und vermutlich das größte Hindernis in jedem Lernprozess. Sie existiert in unseren Köpfen und sie basiert meist auf dem, was in der *Zukunft* passieren *könnte*, und nicht auf dem, was sich *gerade jetzt abspielt*. Wie Don Juan, der Medizinmann der Yaqui-Indianer, sagt: „Angst ist der erste natürliche Feind des Menschen ... ein schrecklicher Feind, ein Verräter und schwer zu besiegen ... Wenn ein Mensch entsetzt vor ihr flieht, so wird sie seiner Suche ein Ende bereiten ... er wird niemals lernen."

Eine der größten Herausforderungen und gleichzeitig eine der größten Chancen beim Skifahren ist es, sich seiner Angst zu stellen und sie zu überwinden. Das ist manchmal schwieriger, als tatsächlich die Piste hinunterzufahren.

Ein Skifahrer mag sich dieser Herausforderung widersetzen und sagen: „Mir geht es ums Skifahren und nicht um irgendwelche Gefühle." Doch wer Zweifel und Ängste nicht überwindet, lernt langsamer. Er kann vielleicht irgendwann Ski fahren, aber er nimmt wenig Neues in seinen Alltag mit. Wer sich für Inner Game Ski entscheidet, stellt sich seinen Herausforderungen und kann sie bewältigen. So verbessert er sich nicht nur als Skifahrer, sondern er erhöht auch seine Lebensqualität. Kapitel 4 „Angst vor Stürzen, Versagen und Erfolg" behandelt dieses Thema umfassend.

GANZ NATÜRLICH

Haben Sie schon einmal einem Könner zugesehen, wenn er den Hang hinunterfährt? Er fließt förmlich wie ein Bergbach, er verlagert das Gewicht von einer Seite zur anderen und zeichnet eine Linie aus weichen Bögen in den Schnee. Seine Fahrtrichtung ändert sich mit jeder minimalen Beinbewegung. Alles sieht so natürlich und einfach aus, und wenn man diese Fahrt mit den Bemühungen eines Anfängers vergleicht, scheint Skifahren überhaupt nicht anzustrengen.

Skifahren ist so ähnlich, wie mit einem Fahrrad bergab zu fahren. Beides braucht viel weniger physische Kraft, als wir meinen. Auf dem Fahrrad müssen wir nur sitzen und den Lenker halten. Der Rest geht von allein. Je schneller wir werden, desto eher reagiert das Rad auf ganz leichte Bewegungen, ohne dass wir Kraft aufwenden müssen. Wir lehnen uns leicht in jede Kurve, halten das Gleichgewicht, ohne darüber nachzudenken. Skifahren kann genauso unangestrengt funktionieren, wenn wir mit der Schwerkraft arbeiten, statt gegen sie.

In den meisten Sportarten verlassen wir uns auf unsere Körperkräfte, um zu laufen oder zu springen, um einen Ball zu werfen oder einen Schläger zu schwingen. Beim Skifahren hingegen zieht uns die Erdanziehung den Berg hinunter. Die einzige Anstrengung, die nötig ist, dient dazu, mit dieser Kraft zu spielen – schauen, was geschieht, drehen, abbremsen, die Fahrtrichtung bestimmen.

Wer lernt, mit dieser Naturkraft umzugehen, macht dabei wichtige Erfahrungen für den Alltag. Wir lernen gleichzeitig, wie wir mit unserer sich stets verändernden Umgebung harmonisch umgehen können, mit anderen Menschen, mit uns selbst. Wenn wir uns vertrauensvoll auf die Schwerkraft verlassen, lernen wir gleichzeitig, wie praktisch es ist, mit ohnehin vorhandenen Kräften zu harmonieren und sie zu nutzen, um ein Ziel zu erreichen.

Während eines Inner Game-Skiworkshops abseits der Piste bat ich zwei Freiwillige nach vorn, die ungefähr gleich groß waren. Keith, ein junger, bärtiger Psychologe, und Arnie, ein robust aussehender, etwa vierzigjähriger Immobilienhändler, meldeten sich. „Stellt euch einander gegenüber und streckt die Hände in Schulterhöhe aus, sodass sich eure Handflächen berühren", wies ich sie an. „Das Ziel dieser Übung ist es, den anderen aus dem Gleichgewicht zu bringen. Ihr könnt eure Hände bewegen, wie ihr wollt, aber die Füße müssen in derselben Position bleiben wie jetzt. Außerdem dürfen die Handflächen den Kontakt zueinander nicht verlieren. Los!"

Es wurde ganz ruhig, als Keith und Arnie anfingen, ihre Hände in großen Kreisen zu bewegen, hier ein wenig stießen, dort leicht zurückzogen. Dann stieß Arnie seine Hand schnell nach vorn, sodass Keith beinahe hintenüberkippte. Nachdem Keith sich gefangen hatte, fing er an, ernsthaft zu kämpfen. In den nächsten Minuten hörten wir nur noch das leise Brummen der beiden Kämpfer, die ihren Vorteil suchten. Plötzlich sah es aus, als würde Keith gewinnen. Er nutzte seine größeren Körperkräfte und drückte Arnies Arm langsam nach hinten. Es sah aus, als sei für Arnie alles verloren, als dieser urplötzlich seinen Arm entspannte, sodass Keith einen Schritt nach vorn machen musste.

„Perfekt", sagte ich, als alle applaudierten und die beiden sich wieder setzten. Als Keith und Arnie versuchten, der Kraft des anderen zu widerstehen, brauchten sie viel Energie und wurden schnell müde. Doch dann hat sich Arnie einfach der Stärke von Keith hingegeben und das zu seinem Vorteil ausgenutzt. Diese Hingabe, übrigens ein wichtiges Prinzip in der

Kampfkunst, können wir auch beim Skifahren nutzen: Sie lehrt uns, wann wir der Schwerkraft folgen und wann wir ihr widerstehen müssen.
Am selben Vormittag spürte ich, dass Angst in der Luft lag, als ich mit der Gruppe oben an einer steilen Buckelpiste stand. „Vielleicht sollten wir woanders runterfahren", schlug Kerry vor. „Das hier sieht sehr nach Unfall aus." Einige andere stimmten zu.
„Wir könnten die Bodenwellen aus einem anderen Blickwinkel anschauen", schlug ich vor, um die Spannung zu mildern. „Betrachtet die Piste wie einen Gegner im Handschiebespiel von heute Morgen. Wir könnten versuchen, die Buckel für unsere Kurven zu nutzen, anstatt sie zu bekämpfen, wie wir es gewöhnlich tun."
Die Gruppe zögerte, doch dann rief Diana, die die ganze Woche über sehr still gewesen war: „Wir könnten uns ja bei jeder Welle dafür bedanken, dass sie uns hilft."
„Prima", sagte Keith. „Bedanken wir uns also." Er fuhr los.
Alle anderen folgten, und es hörte sich recht komisch an, wie acht Skifahrer die schwierige Piste hinunterfuhren und die ganze Zeit „Danke schön", „Danke", „Vielen Dank" riefen. Alle schienen entspannter und liefen besser, und die, die stürzten, machten sich nichts daraus. Als wir unten ankamen, sah ich in strahlende Gesichter, und alle wollten noch einmal fahren. Sich mit unserem „Feind" anzufreunden, hatte Spaß gemacht und viel dazu beigetragen, besser Ski zu fahren.

SICH DER PISTE ANPASSEN

Skifahren ist ein Sport der Veränderung. Niemals sind zwei Abfahrten gleich. Der Schnee, der sich am Morgen glatt und weich anfühlt, wird im Laufe des Tages uneben und hart. Bodenwellen wachsen, weil jeder Fahrer neuen Schnee in sie hineindrückt. Die Beschaffenheit des Schnees ändert sich durch Temperaturwechsel und Sonneneinstrahlung.
„Skifahren ist ein Sport der Mannigfaltigkeit und der Gegensätze", sagt auch Jean-Claude Killy, dreifacher Goldmedaillengewinner bei olympischen Spielen. „Um mehr aus dem Berg und aus uns selbst herauszuholen, müssen wir lernen,

uns diesen ganz unterschiedlichen Situationen anzupassen." So laufen die Skier im Pulverschnee ganz anders als in Pappschnee und wir würden sofort stürzen, wenn wir uns nicht darauf einstellen könnten.

Ich bin häufig auf Pisten gefahren, die ich erst wenige Stunden zuvor schon einmal gefahren war. Im Glauben, ich kenne sie gut genug, habe ich meine Gedanken abschweifen lassen – und dann kam das Unerwartete: eine Eisplatte, eine Stelle ohne Schnee, eine neue Welle. Und schon verlor ich das Gleichgewicht, kam aus dem Rhythmus, stürzte im schlimmsten Fall. Wenn Sie eine vorgefasste Meinung über eine Piste haben, werden Sie sie nie wirklich erfahren. Sie sehen die Piste, wie Sie denken, dass sie ist, oder wie Sie ein paar Stunden vorher war. Sie sehen nicht, was jetzt ist. Wenn Sie irgendwo ausrutschen, sind Sie überrascht. Doch das ist der Berg, der Ihnen sagt: „Pass besser auf!"

Wenn uns bewusst ist, dass jede Abfahrt anders ist, sind wir bereit, uns stärker auf unsere Umgebung zu konzentrieren. Wir nehmen weniger als gegeben an, wir sind wacher, unser Gefühl für die Skier und den Schnee verbessert sich und unser Wahrnehmungsvermögen für das Gelände schärft sich. In diesem Stadium der Wachsamkeit ist der Körper entspannt und bereit, auf jede Situation zu reagieren. So fahren wir nicht nur besser Ski, wir haben auch mehr Spaß.

Je mehr uns bewusst wird, dass nichts auf der Welt je dasselbe bleibt, dass Veränderung das einzig Konstante ist, desto leichter fällt es uns, auch kleine, feine Veränderungen zu erkennen. Wir fangen an, die Welt zu sehen, wie sie ist, und betrachten sie nicht durch die Brille überkommener Vorstellungen. Die Gegenwart ist lebendig und frisch, und wir können in jedem Augenblick angemessen auf das Neue und Andere reagieren.

ANHALTEN, UM ANZUKOMMEN

Als ich in New York lebte, sehnte ich mich oft nach einer Auszeit auf dem Land, abseits von Beton, Abgasen und Hektik. Ich träumte davon, durch die Wälder zu streifen, den Boden unter meinen Füßen zu fühlen, den Himmel über mir

zu sehen. Dann kam das freie Wochenende, und ich war so in Eile fortzukommen, dass ich kein einziges Mal sah, wo ich eigentlich war.
Was habe ich bei diesen Ausflügen eigentlich gemacht? Natürlich bin ich wie verrückt Ski gefahren. Gemeinsam mit meinen Freunden verließ ich die Stadt am Freitagabend und kam nach fünfstündiger Autofahrt erschöpft am Ziel an. Trotzdem standen wir im Morgengrauen auf, schlangen das Frühstück hinunter und stürmten den Berg, wo wir den ganzen Tag lang Ski fuhren – ohne Mittagspause natürlich. Die einzige Möglichkeit zum Ausruhen war in der Warteschlange am Lift, aber auch dort waren wir angespannt und schimpften, dass es viel zu langsam vorwärtsging. Wenn der Sessel unterwegs anhielt, so war das eine wahre Katastrophe.
Ich erlebte an diesen Wochenenden so viel (oder so wenig) Natur, dass ich auch in der New Yorker Subway hätte Ski fahren können. Natürlich habe ich den einen oder anderen Blick auf meine Umgebung geworfen, aber eigentlich nur um herauszufinden, wie lang die Warteschlange ist oder auf welcher Piste der beste Schnee liegt.
Dann fuhr ich an einem Samstag in eine Nebenpiste und stellte nach 25 Metern fest, dass der Weg vereist und nicht fahrbar war. Ich war schon zu weit unten, um wieder zum Ausgangspunkt zu klettern, also musste ich die Skier abschnallen und zur nächsten präparierten Piste laufen. Ich war schrecklich verärgert, so ging mir wertvolle Skizeit verloren. Als ich oben an der Piste anlangte, war ich außer Atem und hielt inne, um zu verschnaufen. In dem Moment blieb mein Blick an einem Lichtreflex auf einem Stückchen Schnee hängen. Es sah aus, als würde der Schnee in allen Farben des Spektrums aufstrahlen. Mir wurde mit einem Schlag klar, dass ich in all den vielen Jahren, in denen ich an den schönsten Plätzen der Welt Ski gefahren war, meine Augen nie wirklich aufgemacht hatte. Ich schaute mich um, sah wie zum ersten Mal die Farben der Bäume, den Schnee, den Himmel und die Bergformationen am Horizont.

An jenem Abend beschloss ich noch immer unter dem berührenden Eindruck dieses Zusammentreffens mit der Natur, in unserem Haus zu bleiben und nicht mit meinen Freunden die übliche Party zu feiern. Ich starrte ins Kaminfeuer und erkannte, dass ich ebenso Ski gefahren war, wie ich bisher gelebt hatte. Alles geschah in Eile: Ich arbeitete, kam nach Hause, zog mich um und ging wieder aus. Ich hatte bisher geglaubt, mich schnell bewegen zu müssen, um nicht zurückzubleiben.
Der Lichtreflex im Schnee hatte nicht nur meine Meinung und meinen Zugang zum Skifahren und zum Leben im Allgemeinen verändert. Ab heute wollte ich mir Zeit nehmen, meinen Körper in Bewegung zu genießen und die Schönheit meiner Umgebung zu betrachten, anstatt den Berg hinunterzustürzen, um noch ein paar zusätzliche Abfahrten machen zu können. Ich erkannte den Unsinn der Idee, dass „mehr" automatisch „besser" ist, ob beim Skifahren oder beim materiellen Besitz. Ich hatte angefangen, mehr auf die Qualität meines Tuns zu achten, nicht mehr so sehr auf die Quantität.

GEWINNEN HEISST GENIESSEN

Wenn wir einen Sport betreiben, bei dem das Ziel „gewinnen" oder „einen bestimmten Punkt erreichen" heißt, denken wir gewöhnlich an die Punkte, die Tore, das Ende der Reise. Unsere Anstrengungen richten sich auf das, was wir tun müssen, um unseren Gegner zu schlagen. Wenn wir nicht gewinnen, macht es keinen Spaß. Die Freude am Skifahren liegt hingegen darin, völlig eingebunden zu sein in das Gefühl unseres Körpers in Bewegung – die Lust an einer perfekt gelungenen Kurve, das Gefühl für unseren eigenen Bewegungsfluss und Rhythmus. Ziel ist ein Gefühl der Harmonie mit uns selbst und mit unserer Umwelt. Die Trophäe ist der Prozess an sich. So kann Skifahren uns etwas lehren, das in unserer zielorientierten Zeit oft übersehen wird: *Es ist wichtig, den Prozess, den Weg zu genießen.* Wir können lernen, dass es bedeutungslos sein kann, das Ziel zu erreichen, wenn wir den Weg nicht wertschätzen. Mehr noch: Wir

entdecken, dass viele Spiele erst dann gewonnen werden, wenn sie mit Freude verbunden sind.
Damit ist Skifahren tatsächlich mehr als eine gut gefahrene Kurve im Schnee. Der Skifahrer, der erkennt, dass ihm sein Sport auch beibringt, wie er lernt, wie er Angst und Selbstzweifel überwindet, wie er sich konzentriert und die Natur schätzen lernt, der erlebt mehr: Skifahren wird Erholung im ursprünglichen Wortsinn. Es ist die Gelegenheit, wichtige Entdeckungen über sich selbst ins eigene Leben zu holen und sich Fähigkeiten anzueignen, die nicht nur das Skifahren, sondern die eigene Lebensqualität verbessern.

2 SELBST 1 UND SELBST 2

LEISTUNGS-SPRÜNGE

Jedem von uns gelingt von Zeit zu Zeit eine Abfahrt, in der aus irgendeinem Grund alles klappt und wir so viel besser als sonst fahren, dass wir selbst überrascht sind. Bögen und Schwünge, mit denen wir immer gekämpft haben, sind plötzlich ganz leicht. Der Frust löst sich in Wohlgefallen auf, wir gehen völlig auf in der Freude an der Bewegung. Die übliche Gedankenflut – versuchen, um Gottes Willen alles richtig zu machen, Überlegungen, wie wir wohl aussehen, und die Angst zu stürzen und uns zu blamieren – ist auf einmal vergessen. Die Freude ist so groß, dass wir nicht einmal daran denken, einen Fehler zu machen. Und wir machen auch keinen. Unser denkendes Gehirn hat Pause, Aufmerksamkeit und Wachheit haben ihre große Stunde. Für kurze Zeit vergessen wir unsere selbst auferlegten Beschränkungen, wir fahren geradezu wie von selbst.

Bei einer solchen Abfahrt vergessen wir drückende Schuhe, kalte Hände, Warteschlangen und den ewigen Frust, nicht so gut zu fahren, wie wir wollen. Die Erinnerung an diese magischen Momente zieht uns immer wieder auf die Piste zurück: Wir wollen noch einmal und noch einmal und noch einmal einen solchen Moment erleben.

Jana, eine zwanzigjährige College-Studentin, die mir erklärt hatte, sie sei zu unkoordiniert, um je Skifahren zu lernen, hatte an ihrem vierten Skitag einen solchen Moment.

„Zum ersten Mal hatte ich das Gefühl, dass ich fahre und bestimmen kann, was passiert", sagte sie. „Bis dahin war ich zögerlich und verhalten gefahren und hatte Todesangst. Ich fühlte mich so unbeholfen, dass ich sicher war, niemals einen richtigen Bogen fahren zu können. Aber bei dieser Abfahrt

waren alle meine Zweifel wie weggeblasen. Ich fühlte mich zum ersten Mal locker und gelöst, und irgendwie war es ganz einfach zu bremsen und zu drehen, wo ich es wollte. Ich konnte es nicht glauben; ich hatte nicht einmal Angst hinzufallen. Seit dieser einen Abfahrt fühle ich mich wie eine Skifahrerin."
„Wie ist das passiert?", fragte ich.
„Das ist ja das Komische. Ich kann überhaupt nicht sagen, was ich gemacht habe. Eigentlich glaube ich, ich habe überhaupt nichts *gemacht*. Es schien einfach zu passieren, und ich bin mitgegangen. Es fühlte sich so frei und leicht an."
Jana war offenbar noch immer von der Erinnerung an diesen Augenblick überwältigt.
Ich kann mich an eine ähnliche Erfahrung erinnern. Ich war den ganzen Tag viel gefahren – aber nicht besonders gut. Nun kam die letzte Abfahrt, und ich entschied mich für eine Piste, die nicht einfach, aber auch nicht besonders schwierig war. Die wollte ich locker angehen. Und anstatt mich oben sofort abzustoßen, wie ich es gewöhnlich mache, blieb ich einen Moment stehen und nahm die Stille der Umgebung in mich auf. Dann fuhr ich los und schon nach ein paar Schwüngen spürte ich, dass etwas anders war als sonst. Ich hatte das Gefühl, ohne jede Anstrengung zu gleiten. Anstatt zu überlegen, wo ich den nächsten Schwung ansetze, schien ich den Ort instinktiv zu kennen. Ich brauchte überhaupt nicht zu denken, der Berg zeigte mir den Weg. Bodenwellen, normalerweise meine natürlichen Feinde, schienen plötzlich gute alte Freunde zu sein. Ich drehte mich auf ihnen und stieß mich von ihnen ab, als hätte ich mein Lebtag nichts anderes gemacht. Es war, als flöge ich den Berg hinunter! Ich konnte nicht glauben, dass ich so Ski fahren konnte.
Auf halbem Weg sah ich einen anderen Skifahrer vor mir und folgte in ungefähr zwanzig Metern Abstand seiner Spur. Wir glitten den Berg hinunter, ein synchroner stummer Tanz. Als wir unten anlangten, glühte ich und ich taumelte zu dem anderen Fahrer hin. Sein Grinsen war noch breiter als meines. Dasselbe Entzücken lag in seiner Stimme, als er sagte: „Das

war es, das war ein Durchbruch, mein Gott! Ich habe gar nicht gewusst, dass ich so Ski fahren kann."

Als wir in der Bar auf unseren Erfolg anstießen, versuchte mein neuer Freund, ein Chirurg aus New York, zu analysieren, warum er so viel besser als früher gefahren war, ohne dass er sich besondere Mühe gegeben hätte. „Weißt du", sagte er, „ich erlebe dasselbe manchmal bei Operationen. Da tauche ich völlig ab wie in ein viel größeres Wissen und gleichzeitig bin ich viel geschickter und viel wacher."

Wir haben alle schon solche unerwarteten Leistungssteigerungen erlebt. Es ist dieses Gefühl, beim Basketballspiel „heiß" zu werden, wie ein Gott Tennis zu spielen, sich ganz im Joggen oder Schwimmen zu verlieren. Es ist das Gefühl beim Tanzen, wenn die Musik aus der eigenen Seele zu kommen scheint. Solche Erlebnisse beschränken sich nicht auf körperliche Aktivitäten, sie können jederzeit und bei jeder Tätigkeit auftreten. Es ist das kreative Aufblitzen, wenn eine Lösung in dem Moment erscheint, wo wir sie am wenigsten erwarten, ein intuitives Heureka.

Doch zu unserem großen Kummer geschieht so etwas niemals dann, wenn wir es planen. Es scheint, als sei es reiner Zufall. Aber so ist es nicht. Auf dem Berg passiert es, wenn wir erschöpft genug sind, um nicht mehr über den nächsten Schwung nachzudenken oder den letzten zu bewerten. Ein Leistungssprung ist überhaupt nur dann möglich, *wenn wir aufhören zu denken.*

Diesen nicht-denkenden lebendigen Zustand, in dem wir uns ganz im Erleben des Augenblicks befinden, das ist rauschhaftes Skifahren. Aber es ist genau wie Verliebtsein: Sobald wir darüber nachdenken, wie wir diesen Zustand der Glückseligkeit aufrechterhalten können, verschwindet er. Wir beginnen dann methodisch und strukturiert, unser verloren gegangenes Gefühl der Meisterschaft wiederzugewinnen, indem wir an unserer Technik arbeiten – Stück um Stück. Aber der Rausch ist vorbei, unser Kopf hat wieder das Kommando.

Eine solche Fahrt, die Skifahrer jeder Leistungsstufe erleben können, hat eine besondere Bedeutung. Sie zeigt uns, was tatsächlich in uns steckt. Ohne eine solche Fahrt könnte jemand auf die Idee kommen, er oder sie sei *von Haus aus* unbeholfen oder unkoordiniert. Doch derartige, unerwartete Leistungssprünge konfrontieren uns mit der unstrittigen und manchmal auch unbequemen Wahrheit, dass wir viel mehr leisten *können*, als wir normalerweise tun. Im Licht dieser Erkenntnis werden unsere üblichen Entschuldigungen fad: Wir sind in letzter Zeit nicht genug Ski gefahren, hatten nicht genug Unterricht, sind ganz einfach unbegabt. Wir können nur einen einzigen Schluss ziehen: Dass wir normalerweise nicht so viel leisten, wie wir könnten, liegt nicht an mangelnden Fähigkeiten, sondern daran, dass wir uns irgendwie im Weg stehen. Wenn wir bei unserer Topabfahrt besser gefahren sind, als wir je erwartet hatten, lag es nicht daran, dass wir plötzlich eine bestimmte neue Technik beherrschten, sondern daran, dass sich für einen kurzen Moment unser innerer Zustand verändert hat. Unser Denken wurde ruhig und klar, und so konnten unsere Bewegungen natürlich und koordiniert ablaufen. Solche Gelegenheiten zeigen, dass exzellentes Skifahren stärker von unserem Gemütszustand abhängt als von der selbstbewussten Beherrschung erlernter Fahrtechnik.

Natürlich möchten wir die unbequeme Tatsache, dass wir unseren wahren Fähigkeiten selbst im Weg stehen, gerne verdrängen. Deshalb schreiben wir einen Leistungsdurchbruch gerne einem Glückstag, den guten Schneeverhältnissen, neu geschliffenen Kanten oder dem Tipp eines anderen Skifahrers zu. Aber ganz tief in uns wissen wir, dass dieses natürliche, leichte Skifahren so selbstverständlich ist wie Rennen oder Lachen, auch wenn es nicht so oft vorkommt. Eine solche Abfahrt zeigt klar und wahr, wie Skifahren sein kann.

Ich habe viel Zeit mit einem Menschen verbracht, der solche Erlebnisse viel öfter hatte als ich. Er hieß Otis, war locker und geschmeidig, bewegte sich mit natürlicher Leichtigkeit, reagierte sowohl am Berg als auch sonst spontan auf alles, was die Situation erforderte. Seine fröhliche Einstellung war ansteckend. Ständig war Otis damit beschäftigt, Dinge zu erforschen und auszuprobieren und seine eigenen Grenzen zu erweitern, und zwar ohne sich selbst unter Druck zu setzen oder sich zu sehr zu bemühen. Er hatte anscheinend unerschöpfliche Energie und volles Vertrauen in seinen Körper. Er war ein natürlicher Athlet, und all das war für sein Alter völlig normal: Es war mein ältester Sohn im Alter von vier Jahren.

Noch heute beobachte ich mit Staunen die Freude, die Lebendigkeit und die natürliche Leichtigkeit, mit der Kinder rennen, springen, klettern und Dreirad fahren. Von ihnen habe ich gelernt, wie leicht und mühelos wir uns bewegen können, wenn wir nur darauf vertrauen, dass unser Körper das tut, was er am besten kann. Wir alle waren als Kinder natürliche Athleten; jeder von uns besaß dieses Gefühl von Leichtigkeit und Aufregung, wenn wir uns an der Bewegung freuten. Bis es dunkel wurde, haben wir gespielt und getobt, und auch dann mussten unsere Eltern mehrmals energisch rufen, bis wir endlich zum Essen kamen. Das waren endlose aufregende Tage voller Lachen und Weinen, voller schmutziger Knie, zerrissener T-Shirts und aufgeschürfter Ellbogen. Zu jener Zeit hat jeder von uns unbefangen gespielt, wir erlebten einen Leistungssprung nach dem anderen, so viele, dass wir sie gar nicht mehr bemerkt haben.

Carrie Bachelder, eine Trainerin in unserer Inner Game-Skigruppe, erzählte mir, dass sie mit ihren Skischülern Kinderspiele spielte. „Ich war der Hase und alle anderen die Hunde, die mich jagten, bellend und knurrend. Sie haben dabei alles vergessen, was ‚man' tut oder eben nicht. Am Ende der Piste sagte Terry, ein College-Lehrer: ‚Ich habe mich wieder wie ein kleines Kind gefühlt. Ich war so darauf fixiert, den Hasen zu fangen, dass ich alles vergessen habe, was ich über das Skifahren wusste. Und ich glaube, ich bin besser gefahren als die ganze Woche über. So viel Spaß hatte ich seit Jahren nicht mehr.' Die anderen ‚Hunde' konnten sich dem nur anschließen."

Weil Terry und die anderen so mit ihrer Jagd beschäftigt waren, konnten sie sich selbst erlauben, Ski zu fahren, ohne viel zu denken. Folglich gewannen sie die spontane Qualität des körperlichen Spiels zurück, die sie als Kinder erlebt hatten, und sie entdeckten einen Gemütszustand, der sie zu Höchstleistungen führte.

DURCHBRUCH UND ZUSAMMENBRUCH

Am Tag nach unserer tollen Abfahrt traf ich meinen Chirurgenfreund wieder. Um ehrlich zu sein: Wir sind beinahe zusammengestoßen, als er über eine Bodenwelle stolperte und seine Gliedmaßen in alle Richtungen zu fliegen schienen. Es sah aus, als bliebe er eine Ewigkeit in dieser Position, dann stürzte er doch und schlitterte mit einem Schwung an mir vorbei, der den späten Jackie Robinson* vor Neid hätte erblassen lassen. Er murmelte zwischen zusammengebissenen Zähnen etwas Unfreundliches vor sich hin, stand langsam auf und schlug mit seinen Stöcken auf den Schnee, als ob der für seine verunglückte Landung verantwortlich wäre.
Nach und nach beruhigte sich der Doktor, und wir machten ein paar Abfahrten gemeinsam. Aber es war klar, dass er sehr viel schlechter fuhr als am Vortag. Seine Bewegungen, die so leicht und natürlich gewesen waren, wirkten jetzt steif und gezwungen, er fuhr verhalten und war sichtlich frustriert. Wenn er gestern einen Durchbruch erlebt hatte, so war das heute ein Zusammenbruch.
Als wir wieder im Hotel waren, sagte er: „Ich verstehe einfach nicht, wie man einmal alles richtig machen kann und beim nächsten Mal alles versemmelt."
Schon im nächsten Atemzug begann er, genau zu erklären, warum das passierte. An diesem Morgen war er so begierig gewesen, den Erfolg von gestern zu wiederholen, dass er anfing, sich unterwegs jede Menge guter Ratschläge zu geben: „Denk daran, lehn dich nach vorn ... mehr Kanteneinsatz ... vergiss nicht, früh in der Kurve auf den Bergski zu gehen ..." Doch je mehr Anweisungen er sich gab, desto katastrophaler fuhr er. Darüber wurde er ärgerlich und fing an,

* Jackie Robinson (1919–1972): Erster schwarzer Baseballspieler, der in einem Team der Major League spielte.

sich selbst zu kritisieren: „Du lehnst dich zu weit nach hinten, du Dussel. Geh mehr in die Knie." Je stärker er sich bemühte, desto angestrengter und angespannter fuhr er. Der Zauber war vorbei.
Zu spüren, wozu man tatsächlich in der Lage ist, ist ein unglaubliches Gefühl. Wenn wir das einmal erlebt haben, wollen wir es immer wieder, aber unsere Anstrengungen, das Gefühl zurückzuholen, treiben es bloß immer weiter von uns weg. Wir bleiben frustriert zurück. Der bewusste Versuch, Mühelosigkeit und Spontanität wiederherzustellen, bewirkt genau das Gegenteil und wirft die Frage auf: Wie können wir gute Ergebnisse erzielen, ohne uns anzustrengen?
Dass wir in einer Situation so viel besser fahren, so viel mehr leisten als gewöhnlich, geschieht nicht, weil wir uns darum bemühen. Das war beim ersten Mal nicht so und das wird auch beim nächsten Mal nicht so sein. Sich um eine spontane Leistungssteigerung zu bemühen, ist, als wolle man eine Rauchfahne festhalten – es geht nicht, und man wird immer frustrierter, je mehr man sich anstrengt. Irgendwann zeigt sich, dass der Teil in uns, der sich anstrengt, genau das *Hindernis* auf dem Weg zu unserem wahren Potenzial ist. In uns gibt es einen anderen Teil, der wunderbar Ski fährt und ganz natürlich und unverkrampft Bestleistungen erbringt. Wenn Sie diese beiden Anteile in sich – also den, der sich krampfhaft bemüht, und den, der locker und leicht Bestleistungen schafft – besser kennenlernen, werden Sie wahre Leistungsexplosionen erleben.

SELBST 1 UND SELBST 2

Lauschen Sie mal auf die Gedanken, die Ihnen beim Skifahren durch den Kopf schießen. Meist ist unser Gehirn damit beschäftigt, Anweisungen zu erteilen, wie Sie dieses tun und jenes lassen sollen – Selbstkritik, Selbstanalyse, Sorgen, Ängste und Zweifel. In den meisten Fällen hören wir endloses Geplapper, und in den seltensten Fällen klingt dies freundlich. Treten Sie in Gedanken einen Schritt zurück und widmen Sie sich diesen Stimmen. Wer instruiert und kritisiert wen? Wer zweifelt an wem? Sie könnten sagen: „Nun, ich rede halt mit mir selbst." Doch wer ist „ich", und wer ist „selbst"? Die beiden müssen verschieden sein, sonst würden sie sich nicht miteinander unterhalten. Wenn es nur eine Partei gibt, ist keine Unterhaltung nötig, denn derjenige, der zuhört, weiß ja schon, was gesagt wird. Also braucht niemand etwas zu sagen. Deshalb erleben wir innere Ruhe und inneren Frieden, wenn wir ganz eins sind mit uns selbst: Es gibt keinen inneren Dialog.

Inner Game unterscheidet: Die Stimme, die da redet, beurteilt, sich sorgt und zweifelt, kommt vom Selbst 1. Sie instruiert Ihr Selbst 2–das sind Sie, Ihr Körper mit all seinen Fähigkeiten, der all Ihre Aktionen ausführt. Selbst 1 ist das Ego, das alles unter Kontrolle haben muss. Deshalb sagt es Ihnen, wie Sie Ski fahren sollen und wie nicht, dass Sie großartig oder ein hoffnungsloser Fall sind, dass Sie besser als Mark fahren, aber lange nicht so gut wie Beate und so weiter. Bei den meisten Menschen kommen diese beiden Selbsts nicht besonders gut miteinander aus, und das macht wirklich gutes Skifahren schlicht unmöglich. Wenn Selbst 1 und Selbst 2 zwei Menschen wären, würde man klar erkennen, dass ihre Beziehung auf Misstrauen basiert, und niemand würde auf die Idee kommen, dass sie versuchen sollten zusammenzuarbeiten.

Obwohl Selbst 1 oft so klingt, als sei es Spezialist für Skifahren, Kochen, Lampenaufhängen und alles andere im Leben, zeigt uns die Erfahrung, dass wir dann am besten fahren, wenn wir am wenigsten denken. Bei unseren Topfahrten, wo wir Leistungssprünge erleben, ist Selbst 1 in einer seiner seltenen Ruhephasen. Das angeborene nonverbale Steuerungssystem für unseren Körper übernimmt die Führung, und unsere Handlungen werden spontan und ohne Worte angeleitet. Selbst 1 fühlt sich übergangen, wenn es erkennen muss, dass wir am besten Ski fahren, wenn wir ganz „im Fluss" sind. Es möchte doch so gern seine detaillierten Konzepte und Überlegungen einbringen und auch seinen Beitrag zu unserem Erfolg leisten. Da fällt es schwer zuzugeben, dass seine Ansätze eher hinderlich sind.

Versuchen Sie zu verstehen, dass die Stimme von Selbst 1 nicht *Ihre* Stimme ist, sondern aus einer lebenslangen Sammlung von Selbstkonzepten, Zweifeln und Ängsten besteht, die Sie hindert, optimal Ski zu fahren. Erst dann können Sie aufhören, Ihre Ausrüstung, andere Menschen und die schlechte Piste für Ihr Fahren verantwortlich zu machen. Wenn Selbst 1 sich ruhig verhält, wächst unsere Aufmerksamkeit, und wir entdecken Selbst 2 als den Teil von uns, der in jeder Situation mit der ganzen Fülle seiner Fähigkeiten agiert. Selbst 2, unser angeborenes Potenzial, existiert in jedem von uns: Bei jedem Lernfortschritt erhalten wir einen kleinen Eindruck davon. Deshalb ist das Hauptziel von Inner Game, uns von jeglichen inneren Hindernissen zu befreien, um die volle Entfaltung und Entwicklung von Selbst 2 zu ermöglichen.

WER IST SELBST 2?

Es ist zwar nicht ganz einfach, die Unterschiede zwischen Selbst 1 und Selbst 2 aufzulisten, doch wir sehen sofort, was es bedeutet, unter dem Einfluss des einen oder des anderen Ski zu fahren. Wir haben in Copper Mountain eine Inner Game-Skigruppe gebeten, Begriffe zu finden, die das Skifahren unter dem Einfluss von Selbst 1 und Selbst 2 beschreiben. Hier die Ergebnisse:

Selbst 1	**Selbst 2**
Versuchen	Frei
Angespannt	Angeregt
Mechanisch	Leicht
Gelangweilt	Fließend
Unsicher	Geschmeidig
Verängstigt	Entspannt
Zerstreut	Mühelos
Stolpernd	Schwerkraft
Denkend	Kraftvoll
Erwartung	Gelassenheit
Ärgerlich	Geschickt
Schwer	Überrascht

Zögerlich	Weich
Abgehackt	Magisch
Vorausdenkend	Fliegend
Verhalten	Rhythmisch
Verwirrt	Treibend
Ach, du Schreck!	Ekstatisch

Denken Sie einmal an alle Einzelheiten, die geschehen müssen, um auf Skiern eine Kurve zu fahren: Das Gewicht aufs äußere Bein verlagern, Knie und Fußgelenk vorwärts und seitlich beugen, um den Druck auf die Kanten zu verstärken, ... und etliche weitere Bewegungen, zu viele und zu kleine, um sie überhaupt zu beschreiben. Jede Bewegung beim Skifahren – und bei allen anderen Aktivitäten – benötigt viele hundert schnelle Anweisungen des Nervensystems an verschiedene Muskelgruppen im Körper.

Wer macht all das? Wer auch immer – es muss jemand sein, der deutlich erfahrener und kompetenter ist als dieses nörgelnde Selbst 1, das glaubt, alles im Griff zu haben, wenn es brüllt: „In die Knie gehen, du Dummkopf!" Wer eigentlich ist hier der Dummkopf?

Wir nennen das gesamte Potenzial, das in jedem von uns vorhanden ist, Selbst 2. In seinem „Bulletin of Physical Education" beschreibt der indische Gelehrte Sri Aurobindo das, was wir Selbst 2 nennen, als „das essenzielle und instinktive Körperbewusstsein, das erkennen und tun kann, was nötig ist, ohne zu denken ... Es ist die körperliche Entsprechung zur flüchtigen Einsicht des Geistes und zur spontanen, rasanten Willensentscheidung." Doch dass Selbst 2 in manchen Momenten wie magisch auftaucht, hat nichts mit Spiritualität oder Mystik zu tun. Es ist immer in uns vorhanden und es kommt in dem Maße zum Vorschein, wie wir die Störungen durch unsere Gedanken, also Selbst 1, ignorieren können. Selbst 2 ist die grundlegende Intelligenz, die das zentrale Nervensystem, das Gehirn und andere Teile unserer Sinnesorgane umfasst, deren Existenz uns gar nicht bewusst ist. Was immer wir tun, jede Bewegung, jedes Wort, das wir

sprechen, es ist zu komplex, als dass wir es mit unserem bewussten Geist steuern könnten.
Selbst 1 kann niemals die Masse aller Instruktionen für eine ganz einfache Aufgabe auswendig lernen, geschweige denn, dass es sie unmittelbar an unsere Muskeln weitergeben könnte. Darum drückt sich Selbst 2 nicht nur beim Lernen aus, sondern auch in den banalsten Tätigkeiten: Geschirr spülen, einen Nagel einschlagen, sich anziehen, essen. Die Komplexität jeder dieser Tätigkeiten ist enorm. Stellen Sie sich vor, einen Nagel einzuschlagen. Zuerst müssen Sie mit den Fingern einer Hand Druck ausüben, um den Nagel an der richtigen Position festzuhalten. Dann greifen Sie den Hammer mit den Fingern der anderen Hand, beugen den Unterarm so weit, dass Ihr Griff fest bleibt, ohne dass Sie Flexibilität einbüßen. Als Nächstes müssen Sie den Bizeps anspannen, um den Ellbogen zu beugen, und ihre Schulter drehen, damit Sie Ihren Arm heben können, und das Handgelenk abknicken. All das und noch viel mehr ist nötig, nur um den Hammer zu positionieren, bevor Sie ihn in Richtung Nagel bewegen. Danach folgt die verblüffende Hand-Auge-Koordination, die den Hammer schließlich auf den Kopf des Nagels auftreffen lässt. Selbst 1 kann allein nicht die kleinste dieser Handlungen vollbringen.
Selbst 2 kommt in der frühen Kindheit am stärksten zum Ausdruck, bevor wir anfangen, ein einschränkendes und verzerrtes Selbstbild zu entwickeln. Kinder lernen und leisten mit einem Minimum an Störungen durch Selbst 1. Deshalb sehen ihre Bewegungen immer ganz natürlich aus – unabhängig von ihren Fähigkeiten. Wenn ein Kind anfinge, sich sehr anzustrengen, sich wegen seines langsamen Fortschritts zu kritisieren und darüber nachzudenken, wie es sich bewegt, käme uns das ziemlich unnatürlich vor. Genauso unnatürlich ist es, wenn wir als Erwachsene dasselbe tun. Es kommt uns nur deshalb normal vor, weil wir es schon so lange tun und uns daran gewöhnt haben.

WER IST SELBST 1?

Sie finden die Antwort auf diese Frage, indem Sie einfach einen Augenblick lang dem nicht enden wollenden Strom der Gedanken in Ihrem Kopf zuhören. Auf der Piste könnten Sie zum Beispiel hören, wie Selbst 1 quäkt:
„Geh in die Knie."
„Belaste die Ski richtig."
„Das war eine schlampig gefahrene Kurve. Mehr Kanteneinsatz!"
„Du lernst es nie!"
„Du bist einfach zu ungeschickt für diesen Sport."
„Du kannst überhaupt nichts."
„Diese Piste ist viel zu steil für dich."
„Schau doch die Bodenwellen an. Du fliegst garantiert hin."
„Stell dich doch nicht so an. Wenn diese Tölpel das schaffen, kannst du es auch."
„Halt die Skier unter Kontrolle und sieh zu, dass du gut aussiehst, wenn du unter dem Lift durchfährst."
Anscheinend glaubt Selbst 1, alle Antworten zu kennen, denn es erzählt Ihnen die ganze Zeit, wie Sie fahren sollen, es bewertet und beurteilt Ihren Fortschritt, kritisiert Ihre Fehler, zweifelt an Ihren Fähigkeiten, vergleicht Sie mit anderen, sorgt sich vor Stürzen und warnt vor der Blamage. Kurz und gut, Selbst 1 ist eine komplexe Figur, die eine Vielzahl von Rollen spielt. Dazu gehören unter anderem:

Der Lehrer

Er erzählt Ihnen ununterbrochen, was Sie tun sollen, wie Sie es tun sollen und wann Sie es tun sollen. „Gewicht auf den Talski ... aber doch nicht so viel! Du verlierst ja das Gleichgewicht ... So, und jetzt das Gewicht auf die Innenkante des Talskis bringen und die Fußgelenke über die Falllinie drücken." Vor lauter Angst, dass nichts klappt, wenn er schweigt, wiederholt der Lehrer mit Freuden seine Anweisungen: „Geh in die Knie. In die Knie. IN DIE KNIE!" Er ist nicht nur überzeugt davon, dass Sie ohne ihn niemals lernen würden, Ski zu fahren, er glaubt auch, dass Sie ein sehr, sehr kurzes Gedächtnis haben. Wenn ich für jede Anweisung meines Selbst 1 zahlen müsste, könnte ich mir keinen Skipass mehr leisten.

Harry Hilflos

Im Gegensatz zum Lehrer traut Harry Hilflos Ihnen nicht zu, dass Sie irgendetwas schaffen. Er sieht überall Probleme und bittet dauernd um Hilfe, Rat oder Informationen, egal ob Sie sie brauchen. Statt Sie zu drängen, nach einem Sturz wieder aufzustehen und die Skier wieder anzuschnallen, rät er, liegen zu bleiben, bis jemand anhält. Wenn Sie seinem Rat folgen, werden Sie vollkommen abhängig von anderen. Sie sind immer der Letzte, der die Ski anschnallt, und der Allerletzte, der die Piste hinunterfährt. Der Lehrer und Harry Hilflos sind ein tolles Paar - wie Dick und Doof: Der eine denkt, er sei allwissend, und gibt dauernd Anweisungen; der andere glaubt, er wisse gar nichts, und sucht permanent Hilfe.

Gloria Glitzer

geht es nicht darum, wie gut Sie Ski fahren, sondern nur darum, wie gut Sie dabei aussehen. Sie überlegt ständig, was andere von Ihnen denken; sie lähmt Sie, indem sie Ihre ganze Aufmerksamkeit absorbiert; und sie drängt Sie, Zuschauer durch Ihr auffälliges Auftreten zu beeindrucken. Sie fühlt sich am besten, wenn Sie unter dem Lift durchfahren, damit jeder Sie sehen kann - allerdings darf die Abfahrt nicht zu schwierig sein. Ohne Zuschauer, die Ihnen applaudieren können, hat Gloria Glitzer die Spannung eines nassen Sacks.

Der Wettkämpfer

vergleicht Ihr Können stets mit den anderen und drängt Sie dauernd, schneller und weiter zu fahren als die Menschen um Sie herum. Er will, dass Sie den schnellsten Weg ins Skigebiet kennen und wissen, wo Sie die beste Ausrüstung am günstigsten bekommen. Der Wettkämpfer will, dass Sie der Beste sind, sich durch Ihre Leistung auszeichnen und dafür Anerkennung bekommen. Er ist bei Männern meist ausgeprägter als bei Frauen. Der Wettkämpfer lebt von der Bestätigung und Anerkennung durch andere, auch wenn's mal wehtut, beißt er entschlossen die Zähne zusammen. Wenn Sie hingegen einfach nur Ihr Leben genießen und sich entspannen möchten, rauben Sie ihm den Sinn seines Daseins, und er fühlt sich verraten.

Der Angsthase
ist besessen von Stürzen und Blamagen und fürchtet Verletzungen an Körper und Ego. Sein Lieblingssatz ist „O je, o je, das geht sicher schief!", der zweitliebste „Das schaffe ich nie". Seine ständige Suche nach Anzeichen für Katastrophen ist ansteckend, sodass sich die Verspannung in Ihrem ganzen Körper ausbreitet, bis Sie aussehen wie eine Holzfigur auf Skiern.

Frankie Furchtlos
findet Pisten, die Sie fahren können, todlangweilig. Er liebt das Risiko und hasst Geschwindigkeiten, die man beherrschen kann. Seine perfekte Abfahrt flirtet vom Gipfel bis ins Tal mit der Katastrophe. Wenn er Sie schwarze Pisten hinuntertreibt und Sie dabei aussehen, als würden Sie im nächsten Moment abstürzen und in Flammen aufgehen, bringt er nicht nur Sie selbst, sondern auch alle anderen in Gefahr.

Der Tollpatsch
ist überzeugt, dass Gott Sie beim Verteilen der Koordinationsfähigkeit übersehen hat. Er weiß im Voraus, dass Sie bei allem versagen, was im Entferntesten mit Athletik zu tun hat. Um ganz sicherzugehen, erzählt er Ihnen permanent, was für ein ungeschickter, langsamer Schüler Sie sind. Für ihn ist es auch wichtig, allen anderen zu erzählen, wie unbeholfen Sie sind – nur für den Fall, dass jemand erwartet, Sie könnten möglicherweise Ski fahren. Seine größte Angst ist, dass Sie gut fahren, wenn jemand zuschaut, denn das würde das Selbstbild, das er so mühsam für Sie aufgebaut hat, zerstören.

Der Kritiker
hat an allem, was Sie tun, etwas auszusetzen. Selbst wenn ein Schwung zu neunundneunzig Prozent perfekt ist, macht er Sie auf das eine Fehlerprozent aufmerksam. Seine hohen Ansprüche sind weniger ärgerlich als seine Weigerung, das anzuerkennen, was Sie bereits können. Er will nicht, dass Sie exzellent fahren, denn dann hätte er ja nichts mehr zu tun.

Vielleicht haben Sie einige Anteile Ihres eigenen Selbst 1 in diesen Beschreibungen wiedererkannt. Es gibt noch mehr: Rudolf Richter, Hektor Held, die nervöse Nelly, den Oberleutnant, den Ego-Tripper und Hedwig Hilfreich.

Doch Vorsicht! Wir können uns so sehr darauf konzentrieren, die verschiedenen Verkleidungen von Selbst 1 zu erkennen und zu analysieren, dass wir vergessen, Ski zu fahren. Damit gehen wir dann einfach einer weiteren Rolle von Selbst 1 auf den Leim, dem Analysten. Sein Hobby ist es, unsere Beziehung zu den anderen Persönlichkeitsanteilen unseres Selbst 1 unter die Lupe zu nehmen. Oder er sorgt dafür, dass wir ausführlich über die Gründe einer schlechten Kurve oder eines Sturzes nachdenken. Vor lauter Nachdenken über uns selbst kümmern wir uns dann gar nicht mehr um das, was wir gerade erleben.

Selbst 1 möchte, dass wir glauben, es sei beim Skifahren und im Leben unentbehrlich. Doch in Wirklichkeit stört sein andauerndes Reingerede unsere Leistung. Das wird klar, wenn wir uns daran erinnern, wie ruhig und frei von Gedanken unser Geist ist, wenn wir Bestleistungen erbringen. Bei einer Topabfahrt steuert, kritisiert, analysiert, beurteilt, zögert der Geist nicht, sondern er ist ruhig auf das fokussiert, was im Moment geschieht.

Mein eigenes Skifahren wird häufig von Gloria Glitzer sabotiert, dem Teil meines Selbst 1, der Zuschauer beeindrucken möchte. Sie taucht gewöhnlich dann auf, wenn ich irgendwo bei einem Lift unterwegs bin. Während ich mich beim Beginn der Abfahrt noch ganz auf das Fahren konzentriert habe, werde ich mir plötzlich der Menschen im Lift über mir bewusst. Idiotischerweise stelle ich mir vor, dass ALLE zu

mir schauen, und meine Konzentration verlagert sich von den Skiern zu den Zuschauern. Aber auf dieser Bühne, im Angesicht dieser Zuschauer, fahre ich in der Regel nicht mehr besonders sicher und ziehe die Aufmerksamkeit allenfalls mit einem spektakulären Sturz auf mich.
Selbst 1 fordert so viel Beachtung, dass wir nicht mehr genug Ressourcen haben, um die Piste wahrzunehmen, die Bewegung und die Skier zu spüren. Wir schenken dem Fahren nicht mehr genug Aufmerksamkeit, sodass wir Fehler machen, die Gewalt über die Skier verlieren und häufiger stürzen. Je schlechter wir fahren, desto mehr verkrampfen wir. Daraus resultieren Verspannungen und Unbeholfenheit, was wiederum dazu führt, dass wir das Gleichgewicht noch leichter verlieren und noch öfter stürzen. Das ist die große Stunde von Selbst 1. „Siehst du", brüllt es triumphierend, „du bist einfach nicht gut genug für diese Piste!" So wirkt sich der mentale Stress unmittelbar auf unsere Körperbewegungen aus.
Der Arzt, Psychiater und Psychotherapeut Dr. Roberto Assaglio hat diese Verbindung zwischen Gedanken und Handlung in seinem Buch „Schulung des Willens" sehr schön beschrieben: „Mentale Bilder, Ideen und Vorstellungen tragen dazu bei, die zu ihnen passenden physischen Bedingungen und Handlungen auszulösen."
Das Hauptziel von Selbst 1 ist es, seinen dauernden Einfluss auf unser Skifahren und unser Leben sicherzustellen. Um das zu erreichen, geht es so weit, dass es vorgibt, es wolle sich selbst abschaffen. Wenn Sie dieses Kapitel gelesen haben, verlieren Sie möglicherweise die Geduld mit Ihren Schwächen und Fehlern; Sie sind vielleicht frustriert, dass es Ihnen nicht gelingt, Ihr Selbst 2 öfter in Aktion treten zu lassen. Und dann beginnen Sie, sich selbst zu bestrafen, sobald Selbst 1 das Ruder übernimmt. Doch statt Ihr Skifahren zu beurteilen, beurteilen Sie nun sich selbst. Statt sich beim Skifahren zu verkrampfen, verkrampfen Sie sich nun beim Versuch, im Hier und Jetzt zu sein, und strengen sich an, sich nicht anzustrengen. So erhält Selbst 1 sich selbst und behält weiterhin die Kontrolle. Wir nennen diesen Anteil von Selbst 1 den New

Age Guru. Er sagt uns, wie wir sein sollten – nicht, wie wir Ski fahren sollten. Ganz schön durchtrieben, nicht wahr? Selbst 1 hält einen unerschöpflichen Vorrat an Verkleidungen parat, und um es zu zähmen, müssen wir es erst einmal erkennen.

SELBST 1 ZÄHMEN

Selbst 1 ist stärker, als wir denken, und es ist nur schwer zum Schweigen zu bringen. Seine verschiedenen Rollen sind wie wilde Pferde, die uns den ganzen Tag über in alle möglichen Richtungen ziehen. Sobald wir beschließen, sie für ein einziges Ziel zu nutzen, sind wir enttäuscht, weil sie nicht alle in die gleiche Richtung ziehen und schon gar nicht unseren Befehlen gehorchen wollen. Wir alle möchten doch, dass wir beim Skifahren ganz ruhig im Hier und Jetzt sind. Aber wo kämen wir denn hin, wenn wir den Schwung von eben nicht kritisch betrachten und den nächsten Schwung nicht vorsorglich bedenken würden! Kaum jemand behauptet, dass Ängste und Selbstzweifel von Nutzen sind. Doch wie bringen wir sie zum Schweigen? Wie gut zügeln wir unsere Gedanken?

Wenn wir versuchen, Selbst 1 zu bekämpfen, geraten wir in eine Schlacht, die wir kaum gewinnen können. Wir beginnen einen endlosen Bürgerkrieg in unserem Kopf, der dem gewünschten Zustand der Ruhe und des Friedens diametral entgegengesetzt ist. Letztlich können wir unser Denken nicht steuern, indem wir es bekämpfen. Wir müssen es „zähmen" und dann nach und nach unsere rechtmäßige Macht über unsere Gedanken zurückgewinnen, sodass wir ihre Richtung bestimmen können, statt uns von ihnen irgendwohin tragen zu lassen. Das Lernen mit Inner Game, das wir auf den folgenden Seiten beschreiben, zielt nur darauf ab, Selbst 1 zu beruhigen, sodass Selbst 2 frei wird, um seine wahren Fähigkeiten in der gewünschten Richtung auszudrücken.

Der (Rück-)Weg zu unserer Kontrolle von Selbst 1 beginnt damit, dass wir einfach seine Existenz wahrnehmen und anerkennen. Gleichzeitig müssen wir begreifen, dass wir nicht unser Selbst 1 sind. Wenn wir die Gedanken und die Rollen unseres Geistes beobachten, wissen wir, dass „wir" nicht „unsere Gedanken" sind. Wenn wir Selbst 1 beobachten, ohne es zu bewerten, identifizieren wir uns nicht länger mit ihm; wir schauen ihm einfach zu. Sobald ich Gloria Glitzer als das sehe, was sie ist, kann ich mich von ihr lösen und entscheiden, mich wieder aufs Skifahren zu konzentrieren. Sich vom Selbst 1 zu lösen, fühlt sich an, wie wenn Sie während eines Traumes erkennen, dass Sie träumen. Die Folge: Die Einbildung hat nicht mehr die gleiche Macht über uns. Je weiter ich also von meinem eigenen Selbst 1 zurücktreten kann und mich davon befreie, Ziel seiner Zweifel, Ängste und Wünsche zu sein, desto besser ist mir seine Zähmung gelungen. Wenn wir uns diesem Ziel nähern, kann Selbst 2 sich besser zeigen und sich leichter ausdrücken.

SELBST 2 VERTRAUEN

Inner Game will helfen, unser gesamtes Potenzial freizusetzen. Dazu sind zwei grundlegende Schritte nötig: Selbst 1 beruhigen und Selbst 2 vertrauen. Diese beiden Fähigkeiten gehen Hand in Hand und beide sind für den Erfolg nötig. Selbst 1 ist deshalb so aktiv, weil es den Fähigkeiten von Selbst 2 nicht wirklich vertraut. Warum müsste es sonst seine vielen Anweisungen dauernd wiederholen? Wenn Sie Ihrem Selbst 2 beim Skifahren mehr zutrauen, heißt das, Sie erlauben ihm, die Bewegungen Ihres Körpers zu steuern. Das bedeutet nicht, dass ein Anfänger, der seinem Körper vertraut, sofort wie ein Könner fährt. Es bedeutet nur, dass der Körper das tun darf, was er bereits kann, und dass wir ihm zutrauen, dass er nach und nach alles lernt, was er noch nicht kann.

Warum sollen wir aber unserem Selbst 2 vertrauen? Einfach deswegen, weil es hinsichtlich Leistung und Lernfähigkeit bedeutend zuverlässiger ist als Selbst 1. Das weiß jeder, der je erlebt hat, wie seine Leistung phänomenal angestiegen ist. Selbst 2 zu vertrauen heißt auch, dass Selbst 1 die faszinierenden Fähigkeiten von Selbst 2 anerkennt. Jeder weiß, dass Vertrauen eine unabdingbare Voraussetzung für Höchstleistungen ist, aber kaum jemand weiß, wie wir dieses flüchtige Gebilde erlangen können. Vertrauen in unsere

Fähigkeit – das ist sowohl ein Willensakt als auch ein Prozess. Stellen Sie sich vor, wie ein Vater seinem Sohn beibringt, Auto zu fahren. Er kann beschließen, seinem Sohn zu vertrauen, doch *Vertrauen* wird sich beim Vater erst nach und nach einstellen – wenn der Sohn sich dessen würdig erweist. Der Vater wird den Sohn zunächst auf einem leeren Parkplatz üben lassen, dann vielleicht auf einer Landstraße. Und ganz sicher wird er dem Jungen nicht einfach die Schlüssel geben und ihn auf einer Hauptstraße fahren lassen. Ebenso wird kein verantwortungsvoller Skilehrer einen Anfänger eine schwere Piste hinunterfahren lassen. Zutrauen ist wichtig, doch man sollte niemandem mehr zutrauen, als seine Fähigkeiten und die Situation erlauben. Wenn der Vater als Fahrlehrer dem Sohn permanent Anweisungen zubrüllt und ihm ins Lenkrad greift, sobald ein anderes Fahrzeug in Sichtweite ist, wird der Junge nur wenig lernen, und das Vertrauen kann nicht wachsen. Wenn wir uns nicht zutrauen, aus unseren Erfahrungen zu lernen, werden wir in gleicher Weise unsere Entwicklung behindern.

Wir werden nie erfahren, ob Selbst 2 zuverlässig ist, wenn wir es nicht ans Steuer lassen. Und wenn wir zulassen, dass Selbst 1 bei jedem Fehler aufs Neue in Fahrt kommt, werden wir nie entdecken, wie gut Selbst 2 Fehler korrigieren und daraus lernen kann. Vertrauen in unser Selbst 2 aufzubauen, braucht Zeit, doch dieser Prozess kann erst dann beginnen, wenn wir beschließen, Selbst 2 zu trauen, und es zeigen darf, was in ihm steckt. Wenn uns je Zweifel kommen, ob Selbst 2 wirklich in der Lage ist, Skifahren zu lernen, brauchen wir nur zurückzudenken: Wie war das, als wir mit einem Jahr laufen gelernt haben? Da haben wir uns nach jedem Fallen instinktiv korrigiert – ohne wortreiche Erklärungen.

In diesem Buch geht es ab jetzt darum,

- wie wir die Störungen, die durch unser Denken entstehen, ausschalten,
- wie wir unsere angeborenen Fähigkeiten zum Lernen und Leisten anerkennen und
- wie wir Vertrauen in uns unsere Lernfähigkeit entwickeln.

3 NATÜRLICHES LERNEN BRAUCHT ALLE SINNE

KINDER LERNEN LEICHTER

Kürzlich besuchte mich mein guter Freund Dirk. Er hatte seit einigen Jahren nicht mehr auf Skiern gestanden und hatte nun beschlossen, ein Skiwochenende mit seinen Kindern zu verbringen. Er war wild darauf, seinem sechsjährigen Sohn Ben etwas beizubringen, und fragte mich: „Wie lehrst du jemandem in diesem Alter, Ski zu fahren?"
„Du musst vor allem daran denken, ihn nicht zu viel zu lehren", sagte ich. „Sieh zu, dass ihm warm ist, dass er sich wohlfühlt und, vor allem, dass er Spaß hat. Der Rest erledigt sich von allein. Gib ihm nicht zu viele Anweisungen, je weniger, desto besser." Ich erzählte ihm noch von ein paar Spielen, die er mit Ben spielen könnte, wenn sie zusammen fuhren.
Ein paar Wochen später kam er wieder vorbei und ich fragte ihn nach dem Skiwochenende. „Du hättest Ben sehen sollen!", sagte er. „Ein Naturtalent! Er ist am ersten Tag den Übungshügel runtergebrettert, als hätte er sein Leben lang nichts anderes gemacht. Er konnte sogar ganz gut Kurven fahren, ich musste gar nicht viel sagen. Gelegentlich ist er hingefallen, aber das hat ihm überhaupt nichts ausgemacht. Er ist einfach wieder aufgestanden und weitergefahren."
„Ich habe mich noch ein bisschen eingerostet gefühlt", erzählte Dirk weiter. „Also habe ich an einem Morgen eine Skistunde genommen. Mein Lehrer war ein brillanter Skifahrer und wahrscheinlich auch ein guter Lehrer. Aber ich war wohl kein besonders guter Schüler. Es war echt schwer. Ich versuchte, seine Anweisungen umzusetzen, aber ich hätte in richtig guter Form sein müssen, um das wirklich zu schaffen. So, wie es jetzt ablief, war es frustrierend. Ich konnte

machen, was ich wollte, ich fand einfach nicht zu meiner früheren Form. Als ich dann sah, wie Ben so mühelos fahren konnte, habe ich Kopfschmerzen bekommen. Mir fiel es so furchtbar schwer, Dinge zu tun, die ich hätte können müssen, und er stand zum ersten Mal auf den Skiern und fuhr einfach drauflos. Natürlich hatte er noch nicht all die technischen Finessen drauf, aber er fuhr beneidenswert natürlich – und er hatte einen Höllenspaß daran."

Der Hauptunterschied bei Dirks und Bens Lernen war ihr Gemütszustand. Dirk *dachte* dauernd darüber nach, wie er Skifahren sollte, während Ben einfach fuhr. Dirks Gedanken waren damit beschäftigt zu verstehen, wie man richtig Kurven fährt, er gab seinem Körper bewusste Schritt-für-Schritt-Anweisungen und analysierte die Ergebnisse. Nach jedem „Fehler" kritisierte er sich heftig und verspannte sich noch mehr. Ben dagegen schaute zu, was die anderen taten, und machte es einfach nach. Er versuchte gar nicht zu analysieren, wie man Kurven fährt, er machte sich keine Sorgen, ob er richtig fuhr oder gar wie er dabei aussah. Er war hier, um Ski zu fahren und Spaß zu haben, und genau das machte er auch, während Dirk sich zu sehr anstrengte, Spaß zu haben, und sich selbst viel zu viel erzählte, um etwas zu lernen.

Wie oft haben Sie mit einer Mischung aus Bewunderung und Neid diese „verdammten Kinder" beobachtet, wenn sie den Übungshügel hinunterrasten und zwischen den älteren Anfängern hindurchflutschten. Wenn Kinder zum ersten Mal ein Paar Skier anschnallen, zeigen sie ein scheinbar angeborenes Gefühl für den Sport. Während wir Älteren unsere erste Abfahrt steif im Schneepflug bewältigen, sind sie schon fünfmal rauf- und wieder runtergefahren.

Kinder sind natürliche Lerner. Psychologen und Lernforscher erklären uns, dass wir in den ersten fünf Lebensjahren mehr lernen als im Rest unseres Lebens. Warum? Machen Kinder etwas, das wir nicht tun? Haben wir etwas vergessen, was wir schon einmal konnten?

Kinder lernen zunächst einmal schneller, weil sie nicht denken, dass sie schon irgendetwas wissen. Ben hatte keine vor-

gefasste Meinung darüber, wie Skifahren geht. Er ging einfach auf die Piste, beobachtete andere, versuchte, sie zu kopieren, und ließ seinen Körper herausfinden, was funktioniert. Sein Geist war klar und offen für Entdeckungen.
Dirks Geist hingegen war schon zu voll mit „richtig" und „falsch", mit „so" und „so nicht", dass er gar nicht mehr offen fürs Lernen sein konnte. Er quasselte innerlich die ganze Abfahrt hindurch und fuhr mehr mit seinem Kopf als mit dem Körper. Diese Selbst-Anweisungen hinderten ihn daran, seine Skier und seinen Körper zu erleben.

TECHNIK-TRAINING: DER VERSUCH, ALLES RICHTIG ZU MACHEN

Als Jugendlicher besuchte ich einen Tanzkurs, wo wir den Walzerschritt lernten, indem wir die Füße setzten und dazu leierten: „Vor, seit, zusammen, rück, seit, zusammen, vor ..." Nachdem wir diese mechanische Abfolge eine Weile geübt hatten, begann die Musik und wir sollten eine Partnerin auffordern und tanzen. Allerdings war jede Ähnlichkeit zwischen dem, was ich tat, und echtem Tanz rein zufällig. Ich stand meiner Partnerin ständig auf den Zehen, zählte brav: „Eins, zwei, drei, vor, seit, zusammen ..." und versuchte, meine Füße an den richtigen Platz zu setzen.
Die meisten Erwachsenen versuchen, eine Bewegung zu erlernen, indem sie sich einzelne Teilbewegungen merken und sie zusammensetzen. Sie folgen Fußspuren in ihren Gedanken, d. h. sie suchen nach etwas, das von außerhalb kommt: ein Artikel in einer Zeitschrift, ein Lehrer, ein mehr oder weniger wissender Freund. Sie orientieren sich an fremden Konzepten von „richtig" und „falsch", sie tun alles, um diesen Konzepten zu folgen, und sie merken gar nicht, dass sie den Prozess so sehr „verkopfen", dass sie das Gefühl für die Bewegung ihres Körpers ersticken. Ben tat genau das Gegenteil, deshalb lernte er so leicht.
Als ich anfing, Ski zu fahren, bedeutete „richtig" noch, die Beine fest zusammenzupressen, sodass die Stiefel sich berührten. Alle Lehrbücher konzentrierten sich auf den Parallelschwung und darauf, den Körper in dieser Position zu halten. Wer die Ski zusammenhielt, war gut; und wenn

das nicht gelang, war alles schlecht. Alle meine Anstrengungen richteten sich nach diesem vorgegebenen Konzept und ich kümmerte mich nie darum, wie es meinem Körper dabei ging oder ob diese Haltung für mich funktionierte. Anfangs fühlte es sich unbequem und unnatürlich an. Aber mir war egal, wie sich mein Körper fühlte, denn ich wollte nur *richtig* Ski fahren. Nachdem ich meine Beine und die Skier jahrelang in diese Position gezwungen hatte, war das unbequeme Gefühl fast nicht mehr spürbar – nicht, weil es natürlich geworden wäre, sondern aus Gewohnheit. Ich wusste nicht, wie ich mich fühlte, aber ich wusste, wie ich aussah.
Seit es Carvingskier gibt, hat sich schon viel geändert: Wer heute beginnt, Skifahren zu lernen, braucht sich nicht mehr um komplizierte Parallelschwünge zu kümmern, denn die neuen Skier fahren die Kurven fast von allein. Doch wer wirklich gut, schnell und sicher fahren will, muss noch immer ein Mindestmaß an Skitechnik erlernen. Und das scheint nach wie vor mit Mühe verbunden zu sein: Sehen Sie sich mal auf den Pisten um. Sie werden viele Fahrerinnen und Fahrer entdecken, die sich beim Versuch, die „richtige" Technik anzuwenden, furchtbar verkrampfen.
Wenn wir lernen, indem wir Regeln befolgen, beurteilen wir unsere Leistung danach, wie nahe sie dem „Richtigen" kommt. Eine Kurve wie aus dem Lehrbuch ist nicht deshalb gut, weil sie sich gut anfühlt und gut klappt, sondern nur, weil sie den Vorgaben entspricht. Doch wenn wir einem Konzept erlauben, unsere Erfahrungen zu leiten, dann erbringen wir nur mäßige Leistungen und unsere Handlungen werden mechanisch und unnatürlich. Unser Lernen ist verlangsamt, weil wir nicht länger von unserer Erfahrung, sondern von anderen Ideen geführt werden. Unser Selbst 2 wird auf diese Weise unterdrückt. Es kann die Feinheiten unserer Handlungen nicht mehr erfühlen und daher auch keine eigenen Anpassungen und Verbesserungen entwickeln.
Es ist wichtiger, dass Sie fühlen, wo Ihre Skier sind, als zu wissen, wo sie sein sollten. Wenn Sie so besessen von dem sind, was sein sollte, dass Sie das, was ist, außer Acht lassen,

sind Sie schon bald frustriert, ärgerlich und entmutigt. Das steigert Ihre Leistung ganz sicher nicht. Ein Kind hingegen weiß, was es tun will, und hat keine vorgefasste Meinung darüber, wie es richtig wäre.
„Sollte" ist ein Entwurf dessen, was nicht ist, und keine Beschreibung dessen, was ist. Wer Inner Game anwendet, merkt oft schon bald, dass das, was andere als richtig vorgeben, für das eigene Lernen genau das Falsche ist. Natürlich können Konzepte helfen, sich in eine bestimmte Richtung zu entwickeln, aber gleichzeitig muss man sich auf seine eigenen Erfahrungen verlassen: Was fühlt sich gut an und was funktioniert für mich? Wenn wir nach der Inner Game-Methode Ski fahren und unsere Aufmerksamkeit auf die Bewegungen im Moment legen, merkt unser Körper spontan, was er tun „sollte" und reagiert automatisch richtig.
Viele Menschen – und ich selbst bin keine Ausnahme – wurden jahrelang vom „Du solltest dies und das auf diese und jene Weise tun" der Eltern, der Freunde und der Gesellschaft geführt. Es ging immer darum, Dinge richtig zu tun: der richtige Beruf, der richtige Lebensstil, die richtige Beziehung. Statt unserer Intuition, unserer Aufmerksamkeit und unserem Interesse zu erlauben, unsere Entscheidungen zu bestimmen, haben wir uns angepasst. Aber die wenigsten haben dabei Erfüllung gefunden.

ERFAHRUNGS-LERNEN

Billys Mutter zeigt auf den Kamin und sagt: „Siehst du das Feuer? Sei vorsichtig, denn es ist sehr heiß und du kannst dich bös verbrennen. Bleib weg davon." Tommys Mutter führt ihren Sohn nah ans Feuer, streckt sein Händchen in Richtung der Flammen und sagt: „So, nun geh noch ein Stückchen näher heran." Tommy tut es, aber er zieht die Hand zurück, als die Hitze zu stark wird. „Heiß", sagt seine Mutter. „Feuer ist heiß, und wenn du zu nah herangehst, kannst du dich verbrennen."
Ein Kind, dem die Gefahren des Feuers *erklärt* werden, muss diese Idee bewusst in sein Gedächtnis aufnehmen und muss sich selbst jedes Mal daran erinnern, dass es nicht zu nah ans

Feuer geht. Ein Kind, das die Hitze *fühlen* und die Gefahr für sich selbst entdecken darf, weiß aus Erfahrung, dass Feuer heiß ist, und wird automatisch Vorsicht walten lassen. In unserem Beispiel hat Billy nur gelernt, dass seine Mutter nicht möchte, dass er zu nahe ans Feuer geht, während Tommy gelernt hat, dass die Gefahr der Hitze davon abhängt, wie nahe er dem Feuer kommt. Billy lernt, das Feuer zu fürchten, während Tommy lernt, es zu respektieren. Er wird später offener dafür sein, den Nutzen und die Schönheit des Feuers zu entdecken.

Versuchen, sich an etwas zu erinnern, bedeutet, dass Sie es nicht wirklich *wissen*. Weil sein Geist mit anderen Gedanken und Vorstellungen vollgepackt ist, wird Billy sich früher oder später nicht mehr an die Warnung seiner Mutter erinnern. Vielleicht wird er irgendwann dem Feuer zu nahe kommen, er wird die Hitze spüren, und *dann* wird er auf die unangenehme Art etwas über Feuer lernen.

Wenn Sie eine Erfahrung machen, lernen Sie auf einem ganz anderen Level als beim Lernen anhand von Anweisungen. Selbst 2 lernt durch Aufmerksamkeit, während sich die Anweisungen vor allem an Selbst 1 richtet. Dabei ist jede Handlung viel komplexer als jegliche Beschreibung. Die Kunst des Skifahrens lässt sich nicht auf die Kunst reduzieren, die Knie zu beugen und die Skier parallel zu halten. Ebenso wenig kann man Feuer nur dadurch beschreiben, dass man sagt, es sei heiß. Eine Handlung ist die Summe unendlich vieler Bewegungen, die harmonisch ineinandergreifen. Es wäre viel zu kompliziert, die Einzelheiten jeder Bewegung, die dazu führt, die Skier zu drehen, auch nur ansatzweise auswendig zu lernen, geschweige denn, dass wir die Befehle bewusst gleichzeitig an die verschiedenen Muskelgruppen senden könnten, damit der Körper die Kurve fährt.

Selbst 2 lernt durch *Tun* und nicht durch *Nachdenken über das Tun*. Wie ein Entdecker nimmt Selbst 2 seine Umgebung als unbekanntes Gelände wahr. Mit kindlicher Neugier ist es offen und aufmerksam für alles, was ihm begegnet. Es hat vielleicht eine Vorstellung, wohin es gehen und was es

erreichen möchte, aber es ist frei von einschränkenden Erwartungen, wie es das Ziel erreichen soll und was es unterwegs finden kann.
Selbst 2 lässt sich von der eigenen Erfahrung führen und lernt auf diese Weise. Es bleibt objektiv und interessiert, es wächst, indem es jeden Moment das in sich aufnimmt, was gerade geschieht. Dabei fühlt, spürt und beobachtet es, es nimmt permanent Informationen auf und passt Bewegung und Richtung entsprechend an. So wird es immer besser in die Lage versetzt, mit der augenblicklichen Situation umzugehen. Der natürliche Lernprozess ist Entdeckung durch Erfahrung.

GAFFEN UND NACHÄFFEN

Wenn Kinder jemanden sehen, der etwas tut, was sie nicht kennen, dann beobachten sie dies einige Minuten lang mit voller Konzentration. Mit großen Augen gaffen sie, nehmen das Bild als Ganzes in sich auf, ohne es in Einzelteile zu zerlegen. Weil Kinder Erfahrungen nicht zerteilen, sind sie solche perfekten Nachahmer.
Der Erwachsene sieht hingegen Bewegungen als eine Reihe von Standbildern, die er dann in eine Anweisungsliste übersetzt. „Oh, ja, ich verstehe – er geht zuerst auf die Kante vom Talski, setzt dann den Stock ein, verlagert sein Gewicht auf den Bergski und fährt so die Kurve." Selbst wenn es ihm gelänge, seinen Körper zu zwingen, diesen Anweisungen zu folgen, würde er nicht begreifen, was eine Kurve ist. Eine Kurve ist mehr als die Summe ihrer Teile, sie umfasst auch Rhythmus, Eleganz, Balance und Koordination, und davon steht nichts auf der Liste von Selbst 1. „Skifahren nach Zahlen" führt dazu, dass man sich wie ein Roboter über die Piste bewegt.
Ein Kind lernt nicht linear, es lernt ganzheitlich. Mit ruhigem, offenem Geist nimmt es das ganze Bild auf, und zwar nicht nur das visuelle Bild, sondern auch das „gefühlte". Mit seiner fokussierten Aufmerksamkeit erspürt das Kind, wie sich das, was es sieht, anfühlt. Selbst 2 erzeugt die entsprechenden sinnlichen Bewegungseindrücke in seinem Körper, sodass es

die Bewegungen schon beim Beobachten fast kopiert. Ohne sich selbst zu bewerten und anzutreiben, imitiert das Kind das Gesehene, sobald es sich bewegt. Es geht vollkommen in der Handlung auf, und seine Sinne melden ihm detaillierte Informationen über das zurück, was gerade geschieht.
Ein Baby fällt hin, wenn es zum ersten Mal versucht zu laufen. Aber sein Körper absorbiert jedes Detail dieses Sturzes. Ohne jegliches Konzept kann sein Selbst 2 automatisch seine nächsten Schritte anpassen; sie werden länger oder kürzer, und die Position des Kopfes ändert sich, um das Gleichgewicht besser zu halten. Mit jedem weiteren Schritt erhält der kleine Körper detailliertere Informationen und kann die nächsten Bewegungen noch weiter verfeinern. Es lernt nur dadurch, dass sein Geist ruhig genug ist, um die feinsten Sinneseindrücke über sein Gleichgewicht aufzunehmen.
Dieses Beispiel zeigt eines der Grundprinzipien des Inner Game und die Essenz des natürlichen Lernprozesses: Die Qualität des Lernens ist direkt proportional zur Qualität der Rückmeldungen, die die Erfahrung liefert. Wer damit beschäftigt ist, sich zu sorgen, zu kritisieren und zu vergleichen, blockt dieses Feedback ab, so wie ein verstopfter Filter keine Luft durchlässt. Je aktiver wir in Begriffen und Anweisungen denken, desto weniger Feedback erhält der Körper und desto langsamer lernt er. Der Schlüssel zu natürlichem Lernen besteht darin, die mentalen Aktivitäten von Selbst 1 zu beruhigen und so die Aufmerksamkeit zu steigern.

AUFMERKSAMKEIT IM KÖRPER

Wenn wir Ski fahren, erhalten wir visuelle Eindrücke vom Gelände und hörbares Feedback durch das Geräusch, das unsere Skier im Schnee verursachen. Am meisten lernen wir jedoch, wenn wir die Bewegungen unseres Körpers wahrnehmen. Je öfter Sie Inner Game praktizieren, desto besser können Sie Ihre Bewegungen beobachten. Sie erkennen immer feinere Nuancen und lernen schneller.
Was bedeutet Aufmerksamkeit für den Körper? Probieren Sie folgende einfache Übung. Heben Sie die rechte Hand über Ihren Kopf. Senken Sie sie wieder. Heben Sie Ihre Hand noch

einmal, doch jetzt achten Sie darauf, wie sich Ihre Hand anfühlt, wenn Sie sie anheben. Erleben Sie nun, wie Sie Ihre Hand senken. Welchen Unterschied haben Sie bei diesen beiden Bewegungsfolgen gespürt? Heben Sie Ihren Arm noch einmal; doch schließen Sie jetzt die Augen, um sich noch besser auf das Gefühl konzentrieren zu können. Woher wissen Sie, dass sich Ihr Arm gerade jetzt bewegt? An welchem Gefühl erkennen Sie, wo sich der Arm gerade befindet? Spüren Sie einen Unterschied zwischen dem Gefühl „Aufwärtsbewegung" und „Abwärtsbewegung"? Wenn Sie sehr gut aufpassen, werden Sie feststellen, dass sich manche Muskeln entspannen und andere angespannt werden, wenn Sie die Bewegungsrichtung wechseln. Können Sie die Muskeln lokalisieren, die sich anspannen, wenn Sie den Arm heben? Können Sie spüren, wie sich diese Muskeln entspannen, wenn Sie den Arm senken?

Je aufmerksamer und ruhiger Sie sind, desto besser können Sie ganz exakt Gefühle und Energie in Ihren Muskeln erkennen. Führen Sie die Übung mit anderen Körperteilen fort. Sie werden herausfinden, dass Sie immer feinere Informationen erhalten, je aufmerksamer Sie ihre Körperbewegungen wahrnehmen.

Wenn ich Skifahrer nach ein paar Kurven frage, was sie erlebt haben, erzählen sie mir häufig, was sie nicht erlebt haben. Zum Beispiel: „Ich habe den Stock nicht richtig eingesetzt."

„Woran hast du das gemerkt?"

„Es hat sich nicht richtig angefühlt."

„Was hast du denn genau gefühlt, um sagen zu können, dass der Stockeinsatz falsch war?"

„Mein Arm fühlte sich steif an, und die Schulter war verspannt."

„Aha, das ist also deine Erfahrung. Du hast die Steifheit in deinem Arm und die Verspannung deiner Schulter gespürt. Alles andere, was du gesagt hast, kam nur aus deinem Denken."

Aufmerksamkeit bedeutet, etwas unmittelbar zu erfahren. Denken bedeutet, aus unserer Erfahrung ein abstraktes

Konzept zu entwickeln. Das sind zwei grundsätzlich unterschiedliche Welten. Je mehr wir über eine Erfahrung nachdenken, desto weniger aufmerksam werden wir für die Erfahrung selbst. Noch einmal: Je mehr wir über das nachdenken, was wir jetzt tun, desto unaufmerksamer werden wir für das, was gerade geschieht.

Wenn ich mein Gegenüber in einem Gespräch direkt anschaue und mich auf seine Worte konzentriere, dann bin ich aufmerksam für die grundsätzliche Kommunikation zwischen uns beiden. Aber wenn ich mich beim Zuhören frage, was die Person wohl über mich denkt, oder wenn ich in Gedanken schon die Antwort auf das Gesagte vorbereite, bin ich selbstverständlich nicht so aufmerksam für das, was mein Gegenüber mir vermitteln möchte.

ZWEI BEISPIELE

Einige Skilehrer baten Tim Gallwey, ihnen zu zeigen, wie er die Prinzipien des Inner Game in einem Anfängerkurs einsetzen würde. Tim beobachtete zunächst, wie eine Anfängergruppe unterrichtet wurde. Danach arbeitete er mit einer Gruppe von zwölf Erwachsenen, die nie zuvor auf Skiern gestanden hatten. Dies war seine erste Gruppe außerhalb des Tennisplatzes, und Tim freute sich sichtlich auf die neue Erfahrung.

In dieser Skischule lernten Anfänger zunächst, seitlich einen Hügel hinaufzusteigen. Tim ging genauso vor, doch er gab keine Anweisungen, wie die Teilnehmer das machen sollten. Als alle ihre Skier angeschnallt hatten, bat er die Schüler zunächst, sich an ihre viel „größeren Füße" zu gewöhnen. Er schlug vor, dass jeder im Stehen das Gewicht von einem Fuß auf den anderen verlagern solle, sie sollten die Füße heben, senken, seitwärts bewegen, die Knie beugen und strecken, die Skikante in den Schnee drücken und den Ski wieder flach legen. Es ging nicht um richtig oder falsch, sondern nur darum, etwas Neues auszuprobieren. Jeder Teilnehmer entdeckte auf seine ganz persönliche Weise, wie es ist, Skier an den Füßen zu haben. Nach einigen Minuten forderte Tim die Teilnehmer auf: „Kommt mit." Er begann, seitlich den kleinen

Abhang hinaufzusteigen. Bevor sich jemand Gedanken darüber machen konnte, ob er ihm „richtig" folgte, sagte Tim: „Ich möchte jetzt nur, dass ihr euch eurer Skier bewusst werdet. Liegen sie flach auf dem Schnee oder steht ihr auf den Kanten, wenn ihr den Hügel hinaufgeht? Schaut nicht auf mich und schaut auch nicht auf eure eigenen Ski. Ich möchte, dass ihr nur fühlt."

Die Teilnehmer hörten sofort auf zu versuchen, sich seitlich zu bewegen, sondern wurden sich ihrer Skier bewusst. Schon bald konnte jeder bestätigen, dass er seine Skikanten in den Schnee gedrückt hatte. Nachdem alle die Piste ein Stück hinaufgeklettert waren, hielt Tim an und bat sie, etwas mehr mit den Kanten zu spielen. „Findet heraus, was geschieht, wenn ihr die Skier flacher haltet. Aber seht nicht hin." Die Skischüler probierten es. Schon bald rutschte Jeder ein Stück abwärts und setzte sofort die Kanten ein, um anzuhalten. „Seht ihr, deshalb habt ihr die Skier beim seitlichen Gehen in den Schnee gedrückt und die Kanten konnten ihre Funktion ausüben", grinste Tim. „Wer hat euch gesagt, dass ihr das tun sollt? Ich nicht und sonst auch niemand. In einer ‚normalen' Skischule hätte man euch gesagt, daran zu denken, die Kanten einzusetzen, und ihr hättet euch wahrscheinlich sehr angestrengt bemüht, das richtig zu machen. Doch jetzt macht ihr es automatisch, ohne darüber nachzudenken. Irgendetwas in euch ist wirklich schlau, und wenn ihr lernt Ski zu fahren, werdet ihr diesem Etwas mehr und mehr vertrauen."

„Als Nächstes möchte ich, dass ihr die Skikanten so stark einsetzt, wie es eben möglich ist. Wir nennen das ‚Stärke fünf'. Jetzt ein bisschen weniger – das ist vier. Noch weniger – das ist drei. Und wenn die Skier ganz flach auf dem Schnee liegen, ist es null. Wenn wir jetzt weiter raufsteigen, dann soll jeder bei jedem Schritt rufen, wie stark sein Kanteneinsatz ist. Es gibt keine richtige Zahl, fühlt einfach, wie stark ihr kantet, und ruft die entsprechende Zahl. Denkt daran: nicht schauen, nur fühlen!" Die Teilnehmer kletterten weiter und riefen Zahlen, und man konnte gut sehen, dass sie sich stärker konzentrierten. Es war keine Angst zu hören, sie waren völlig absorbiert in dem, was sie fühlten. Anfangs variierten die Zahlen bei jedem zwischen eins und vier, und nach und nach fand jeder Teilnehmer „seine" Zahl. Oben angekommen fragte Tim jeden, welches seine bevorzugte Zahl war. Bei den meisten war es zwei oder drei, und eine Frau fragte, ob drei das „Beste" sei. „Ich weiß nicht, ob drei die beste Zahl ist", sagte Tim. „Wie hast du herausgefunden, dass drei für dich funktioniert?" – „Ach, es ging einfach am besten", sagte die Frau. „Ich wusste nur nicht, ob es richtig ist." Tim antwortete: „Im Moment ist es für dich wohl genau richtig."

Alle sahen erleichtert aus, als sie erkannten, dass dies kein Test gewesen war. Sie schienen zu begreifen, dass dieser Lehrer ihnen zutraute herauszufinden, was für sie am besten war. Ohne es wirklich zu versuchen, hatte jeder gelernt, seitlich einen Hügel hinaufzugehen und die Skier ein wenig zu kontrollieren. Jeder hatte ein Gefühl für die Kanten entwickelt, eine Grundlage für ihr späteres Skifahren.

Wie einfach und wie universell anwendbar das Prinzip der Aufmerksamkeit für den Körper ist, sah ich am nächsten Tag, als Tim mit einer Fortgeschrittenengruppe arbeitete. Zu der Gruppe gehörte auch Peter Kronig, ein Skilehrer aus Zermatt, der seit mehr als zwanzig Jahren unterrichtete. Zu viert fuhren wir eine mittelschwere Piste hinunter. Die einzige Anweisung war, auf unseren Körper zu achten und herauszufinden, welcher Körperteil die meiste Aufmerksamkeit beanspruchte. Nach der halben Strecke berichtete jeder, worauf er sich am meisten fokussiert hatte. Ich hatte meine Aufmerksamkeit auf meine Knie gelenkt, weil ich wissen wollte, wie stark ich sie bei jeder Kurve bog. Tim war sich der Drehungen seiner Schultern bewusst geworden. Als Peter an der Reihe war, wirkte der etwas gelangweilt. „Ich konzentriere mich beim Fahren sowieso immer auf die Kanten", sagte er. Er wirkte so kompetent und selbstsicher, dass ich mich fragte, ob Inner Game ihm überhaupt etwas zu bieten hätte.

Tim sagte dann, er wolle seinen Schultern noch mehr Aufmerksamkeit schenken, und er schlug vor, dass jeder noch

stärker auf den Teil des Körpers achten solle, der ihm bisher aufgefallen war. Ich musste schmunzeln, als er Peter genau dasselbe vorschlug, was er gestern den Anfängern gesagt hatte. „Peter, du konzentrierst dich immer auf die Kanten. Warum versuchst du nicht, diese Aufmerksamkeit noch zu verstärken. Wenn die maximale Kantenbelastung zehn ist und ein flacher Ski null, dann könntest du mal in jeder Kurve die Zahl rufen, die deiner Kantenbelastung entspricht."
Als wir uns unten versammelten, war Peter so aufgeregt, dass ich kaum verstehen konnte, was er sagte. „Das war fantastisch! Ich habe das noch nie so wahrgenommen. Ich habe so winzige Unterschiede bemerkt. Als ich auf sieben war, war hellstes Licht, und als ich bei null war, fühlte ich Dunkelheit. Das war schön."
Seine Bemerkung über Licht und Dunkelheit verwirrte uns ein wenig, aber jeder konnte sehen, dass ausgerechnet Peter, der sein Leben lang Ski gefahren war und jenseits aller Überraschungen schien, sich gebärdete wie ein Kind mit einem neuen Spielzeug. Er begann, das Geheimnis der Aufmerksamkeit zu entdecken, und fand heraus, wie sie zu immer neuen Erfahrungen führte. Für uns alle war klar, dass die Aufmerksamkeit für den Körper für jeden gleichermaßen wichtig ist. Dafür wird man nie zu alt. Stattdessen steigert sich das Bewusstsein für Details.

FEEDBACK-SCHLEIFEN

Um natürlich zu lernen, brauchen wir die Rückmeldungen des Körpers; gleichzeitig müssen wir ein Gefühl dafür entwickeln, was unsere Bewegungen bewirken. Wenn wir zum ersten Mal auf Skiern stehen, fühlt sich nicht jede Bewegung natürlich und richtig an. Schließlich ist unser Körper fürs Gehen und Laufen gemacht und nicht dafür, mit hoher Geschwindigkeit durch den Schnee zu gleiten. Wenn Tim mit Anfängern arbeitet, fokussiert er daher nicht nur auf die feinen Wahrnehmungen im Körper, sondern auch auf die Ergebnisse. Er ermutigt sie, die Unterschiede zwischen einer Kantenbelastung von eins und drei zu erspüren und gleichzeitig auf den Effekt der jeweiligen Belastung zu achten.

Nur wenn Selbst 2 exaktes Feedback vom Gefühl der Muskelbewegung und von der Wirkung dieser Bewegung erhält, kann es die nötigen Verbesserungen vornehmen. Wenn sich der Skifahrer zu sehr anstrengt, ein bestimmtes Ergebnis zu erreichen, konzentriert er sich nur auf dieses Ergebnis. Damit behindert er wiederum seinen eigenen Fortschritt. Wenn ihn eine bestimmte Bewegung stürzen lässt, braucht ihm niemand zu sagen, wie er die Bewegung korrigieren muss. Wenn er sowohl die Bewegung, die ihn aus dem Gleichgewicht gebracht hat, als auch den Sturz fühlt, korrigiert Selbst 2 die Bewegung ganz automatisch. Für diejenigen, die sich daran gewöhnt haben, nur ihrem denkenden Selbst 1 zu vertrauen, ist dies ziemlich unglaublich. Doch kleine Experimente beweisen, dass der Körper tatsächlich in der Lage ist, sich zu korrigieren, wenn er nur die nötige Rückmeldung bekommt.

Wenn Tim mit Tennisspielern daran arbeitet, dass ihre Aufschläge ein bestimmtes Ziel erreichen, sagt er immer, dass es nicht nötig ist zu *versuchen*, das Ziel zu treffen. Es sei vielmehr wichtig, zu erkennen, wo der Aufschlag im Verhältnis zum Ziel landet. Wenn der Sportler das Ziel verfehlt und der Ball anderthalb Meter weiter rechts landet, wird ihm nicht gesagt, er solle weiter nach links zielen. Es heißt nur, er solle noch einmal aufschlagen und nicht versuchen, den Schlag bewusst zu korrigieren. Tim (und der Sportler) trauen Selbst 2 zu, dass es den Schlag korrigiert. Selbst 1 ist meist sehr überrascht, wenn es sieht, wie schnell der Körper lernt, das Ziel auch ohne seine Hilfe zu treffen.

Das gleiche Prinzip lässt sich auch beim Skifahren anwenden. Ich muss fühlen, was geschieht, wenn mein Ski flach aus der Kurve kommt, wenn ich mit viel oder wenig Kanteneinsatz fahre. Wenn ich meine Aufmerksamkeit sowohl auf den Kanteneinsatz als auch auf dessen Auswirkungen auf meine Kurve richte, dann erkennt Selbst 2 sehr schnell das optimale Verhältnis. Und weil Gelände und Geschwindigkeit immer wieder anders sind, ist auch das optimale Kantenverhältnis jedes Mal anders.

Nun könnte man sich fragen: „Aber was ist das *Ziel* beim Skifahren?" Es ist vielleicht nicht so deutlich zu erkennen wie bei anderen Sportarten wie Tennis oder Golf, wo es um Punkte geht. Eine Zielbeschreibung beim Skifahren könnte zum Beispiel lauten: „In jedem Gelände und bei jeder Geschwindigkeit das Gleichgewicht halten." Gleichgewicht ist bei jeder Bewegung wichtig, und gerade beim Skifahren bemüht der Körper sich in besonderer Weise darum.

AUFMERKSAMKEIT VERBESSERT DIE KONTROLLE

Viele Skifahrer glauben, dass sie schlechter fahren, wenn sie die Fahrtechnik außer Acht lassen und sich darauf konzentrieren, die Aufmerksamkeit auf ihren Körper zu lenken. Dabei sind die komplexen Rückmeldungen unseres Körpers – wenn wir darauf achten – viel präziser und detaillierter als eine noch so sorgfältig formulierte verbale Anleitung. Wer kann mit Worten das genaue Maß für den Körpereinsatz ausdrücken, mit dem er in einer bestimmten Situation die beste Kurve fährt? Die Möglichkeiten des Körpers sind viel zu spezifisch und vielfältig, um sie in Worte zu fassen. Aber wir können diese Sprache lernen, wenn wir auf unseren Körper hören. Das gelingt, wenn wir unser Selbst 1 beruhigen, bewusstes Denken ausschalten und nur fühlen, was mit unserem Körper geschieht. Es gibt mehrere Möglichkeiten, dies zu erreichen. Hier sind zwei Wege, die mir besonders praktisch erscheinen.
Als ich vor einigen Jahren am Lake Eldora Ski fuhr, bat mich der Skilehrer, einige Kurven mit geschlossenen Augen zu fahren. Ich sah mich um. Der Abhang war relativ flach und wir waren allein, also stimmte ich zu, obwohl ich ziemlich nervös war. Ich fuhr los, aber ich war so angespannt, dass ich nur die Panik in meinem Kopf wahrnehmen konnte. Selbst 1 rief ständig: „Pass auf! Das geht schief!" Ich fuhr ganz vorsichtig zwei Kurven und öffnete meine Augen mit einem dümmlichen Lächeln.
„Noch mal?", fragte der Lehrer. „Normalerweise braucht jeder ein paar Versuche, um sich daran zu gewöhnen."
Dieses Mal konnte ich mich etwas besser entspannen und auf einmal nahm ich meine Füße wahr. Sie schienen mit den

Skiern verschmolzen zu sein, und ich fühlte tatsächlich jede kleinste Veränderung am Boden. Auch als ich die Augen wieder geöffnet hatte, blieb dieses verstärkte Gefühl der Aufmerksamkeit. Es führte dazu, dass ich meine Skier besser als je zuvor kontrollieren konnte. Ich spürte jede kleinste Änderung in der Belastung der Skier und fuhr meine Kurven präziser und mit weniger Kraft, als ich mir je hätte vorstellen können.

Kurz darauf schlug der Skilehrer vor, dass ich die Schnallen der Skischuhe vor der Abfahrt öffnen solle. Ich war überrascht, schließlich hatte ich gelernt, dass die Skischuhe möglichst fest anliegen müssten, um den Ski überhaupt kontrollieren zu können. Ein wenig skeptisch fuhr ich los und ich machte eine wichtige Erfahrung: Um meine Schuhe nicht zu verlieren, durfte ich meine Füße nicht abrupt bewegen, um Kurven zu fahren. Deshalb musste ich mich auf meine Fußsohlen konzentrieren und versuchen, damit die Skier zu kontrollieren. Ich wurde mir auf einmal der leichtesten Veränderungen des Druckes bewusst und bemerkte, wie viel besser ich die Skier kontrollieren konnte, wenn ich diese kleinen Unterschiede beachtete. Fast ohne meinen Körper zu bewegen, nur durch den Druck meiner Füße brachte ich die Skier dazu, fast alles zu tun, was ich wollte.

In einigen Gesellschaftsschichten in China und Japan werden schon kleine Kinder in die eine oder andere Kampfkunst eingeführt - vor allem dort, wo es um Wachheit und sehr feine Körperwahrnehmung geht. Im Tai Chi wird beispielsweise jede Bewegung langsam und sorgfältig ausgeführt, um die Aufmerksamkeit auf die Handlung und auf den sanften Energiefluss durch den Körper zu stärken. Ein Tai Chi-Meister erreicht ein faszinierendes Maß an Beweglichkeit und Körperbeherrschung - beides natürliche und unvermeidliche Nebenprodukte von Aufmerksamkeit.

In unserer Kultur werden Ergebnisse höher bewertet als Aufmerksamkeit, als ob beides voneinander unabhängig wäre. Dabei steht die Fähigkeit zur körperlichen Aufmerksamkeit und Kontrolle in direktem Bezug zur körperlichen Leistungsfähigkeit. In jeder Sportart erreichen diejenigen Athleten die besten Ergebnisse, die die Fähigkeit besitzen, sich auf die einzelnen Signale ihres Körpers zu konzentrieren: zum Beispiel auf den schmalen Grat zwischen Gleichgewicht und Ungleichgewicht, zwischen zu früh und zu spät, zwischen zu fest und zu locker.

Der Wille, mehr und Besseres zu leisten, hat die Weiterentwicklung des Sports begünstigt – besonders in der westlichen Welt. Doch genügt das? Ich denke, wir müssen aufmerksam werden für die Nachrichten, die uns unser Körper sendet, während er in Aktion ist. Ohne diese Aufmerksamkeit verkrampfen wir und Spitzenleistungen bleiben aus. Erst die subtilen Informationen unseres Körpers ermöglichen das nötige Feintuning, doch um sie zu verstehen, müssen wir ihnen „zuhören".

Damit wir aus der Körpererfahrung lernen können, müssen wir der Versuchung widerstehen, Veränderungen zu forcieren. Der Inner Game-Ansatz für Lernen und Wachstum beginnt damit, die Aufmerksamkeit für das zu verstärken, was wir verändern wollen.

Durch erhöhte Aufmerksamkeit lässt sich ein enormes Maß an Körperbeherrschung erreichen. Manche Menschen können ihre Herzfrequenz verlangsamen, den Blutdruck senken oder ihre Verdauung beschleunigen. Ich habe selbst einmal an einem Experiment teilgenommen, bei dem es darum ging, die Temperatur der Fingerspitzen zu erhöhen. Meine Finger lagen auf einem speziellen Messgerät und ich versuchte, ihre Temperatur zu erhöhen, indem ich mir vorstellte, wie die Sonne auf meine Hände schien oder wie ich sie an einen Ofen hielt. Das Ergebnis: Die Temperatur sank um fünf Punkte. Danach versucht ich mir vorzustellen, wie ich die Finger in warmes Wasser legte, dann probierte ich, den warmen Blutstrom durch meine Hände zu schicken. Nichts klappte.

Der Versuchsleiter kam zu mir und fragte: „Kannst du fühlen, wie warm deine Hände jetzt sind?"

„Nein."

„Dann versuch mal, das herauszufinden, und schau, was geschieht."
Ich schloss meine Augen und richtete meine Aufmerksamkeit auf meine Finger. Ich fokussierte meine Aufmerksamkeit ganz und gar auf deren augenblickliche Temperatur und versuchte gar nicht, sie zu erhöhen. Plötzlich spürte ich eine ganz kleine Veränderung. Obwohl ich gar nicht versuchte, das Ziel zu erreichen, merkte ich, dass meine Finger sich erwärmten. Als ich die Augen wieder öffnete, war die Temperatur um fünf Punkte gestiegen. Kurze Zeit später konnte ich meine Finger nach Belieben aufheizen oder abkühlen.
Genauere Körperwahrnehmung führt bei Skifahrern jeder Leistungsstufe zu besserer Beherrschung der Skier. Je fortgeschrittener jemand ist, desto sorgfältiger muss er seine Aufmerksamkeit auf die „kleinen Dinge" richten. Nur so kann der Körper die Anpassungen vornehmen, die nötig sind, um auch bei hoher Geschwindigkeit Gleichgewicht und Kontrolle zu behalten. Das sieht man nirgends besser als bei Slalomrennen. Hier differieren die Zeiten der fünf besten Fahrer oft nur um wenige hundertstel Sekunden, deshalb müssen die Sportler so präzise wie möglich fahren. Ein Minimum mehr oder weniger Kanteneinsatz, und der Fahrer verpasst die Ideallinie durch die Tore – das kostet bestenfalls Zeit und führt schlimmstenfalls zum Ausscheiden oder gar zu Stürzen.
Richard Bach beschreibt in „Die Möwe Jonathan", warum sein Titelheld seinem Körper so viel Aufmerksamkeit schenkt. Jonathan hat gelernt, schneller als 200 Stundenkilometer zu fliegen. Jetzt will er bei diesem rasanten Tempo auch noch wenden:
Verstellte er nur eine einzige Feder an der Flügelspitze um wenige Millimeter, so erreichte er auch bei großen Geschwindigkeiten eine weiche, fließende Kurve. Doch bis es so weit war, musste er durch Versuch und Irrtum lernen, dass man bei hoher Geschwindigkeit keinesfalls mehr als eine Feder verstellen durfte, sonst rotierte man wie eine Gewehrkugel.

WER URTE LT,
IST NICHT
AUFMERKSAM

Um aufmerksamer für die eigenen Erfahrungen zu werden, gibt es einen ganz wichtigen Schritt, vielleicht den wichtigsten überhaupt: aufhören, sich selbst und sein Handeln zu beurteilen – egal ob es ums Skifahren oder etwas anderes geht.
Wenn Sie Ihre letzte Kurve bewerten, dann schenken Sie der Vergangenheit zu viel Aufmerksamkeit und damit werden Sie blind und taub für das, was im Moment geschieht. Wenn Sie an die letzte Kurve denken, dann fühlen Sie weder Ihren Körper noch Ihre Skier und Sie sehen auch das Gelände vor sich nicht deutlich. Folglich geraten Sie gedanklich ins Hintertreffen und reagieren nicht mehr so schnell auf die Rückmeldungen, die Ihnen die Fahrt jetzt gerade gibt. Wenn Sie der Kurve das Etikett „gut" anhängen, gratuliert Selbst 1 Ihnen und versucht sich zu erinnern, was Sie genau gemacht haben, damit Sie es wiederholen können. Aber eben – Ihre „gute" Kurve bestand nicht aus all diesen Einzelheiten, und die nächste „gute" Kurve wird auch nicht daraus bestehen. Wenn Sie Ihre letzte Kurve als „schlecht" bewerten, schnauzt Selbst 1 Sie an, analysiert, was falsch gelaufen ist, und versucht, die Korrektur zu erzwingen. In diesem Sinne ist „gut" genauso ineffizient wie „schlecht", denn beides bringt Sie dazu, sich zu verkrampfen – entweder, um das Gute zu wiederholen oder um das Schlechte zu vermeiden. Selbst 2 braucht hingegen detailliertes Feedback aus der letzten Kurve, um die nächste anzupassen – und eben kein Urteil.
Wenn Sie je auf einer Bowlingbahn waren, haben Sie vermutlich gesehen, wie Leute sich angewidert wegdrehen, wenn sie merken, dass durch ihren Wurf nicht alle zehn Pins umfallen werden. Sie wollen nicht sehen, wie schlecht der Wurf tatsächlich war, aber so lernen sie auch nicht sonderlich viel. Können Sie sich einen Skifahrer vorstellen, der nie gestürzt ist? Solche Erfahrungen, die wir gewöhnlich als Fehler bezeichnen, sind tatsächlich wertvolles Feedback, das unser Körper braucht, um zu unterscheiden, was funktioniert und was nicht. Nur so kann der Körper die nötigen Korrekturen vornehmen.

Fehler sind ein wesentlicher Bestandteil des Lernprozesses – auch für Fortgeschrittene. Egal wie gut oder wie schlecht Sie Ski fahren, Sie werden Fehler machen. Und Sie können daraus lernen. Wir müssen nicht Fehler ausmerzen, sondern unsere Angst, Fehler zu machen, und vor allem die Konsequenzen: Urteile, Kritik, Ärger. Wenn wir Fehler akzeptieren, machen wir in der Regel auch weniger. Außerdem gelangen wir von der Verurteilung unserer Leistung ganz schnell an den Punkt, wo wir uns als Person verurteilen. Anklagen haben ihre ganz eigene Dynamik: Wenn Sie das Gewicht nicht schnell genug verlagern, wird daraus eine „schlechte" Kurve. Darüber ärgern Sie sich, was sich in einer schlechten Abfahrt zeigt, die wiederum noch mehr Ärger verursacht. Daraus wird dann ganz schnell ein „schlechter" Tag. Und einige schlechte Tage machen uns glauben, wir seien „schlechte" Skifahrer. Entmutigung und Frust begleiten uns noch auf der Heimfahrt und am Ende sind wir überzeugt: Wir sind „schlechte" Menschen.
Derartige Selbstverurteilung verzerrt die Wahrnehmung, stört die Leistung und bremst unsere Fähigkeit zu lernen. Ein Skifahrer, der sich entscheidet, einen schlechten Tag zu haben, wird ganz sicher einen schlechten Tag erleben. Wer sich entscheidet, ein Lernplateau erreicht zu haben, wird so lange dort verweilen, bis er sich entschließt, wieder Fortschritte zu machen.
Es gibt keine schlechten Skifahrer, nur solche auf unterschiedlichen körperlichen und geistigen Entwicklungsstufen. Eine Blume, die blüht, ist nicht besser als dieselbe Blume als Knospe – wir haben es einfach mit verschiedenen Entwicklungsstadien zu tun. Wenn wir aufhören, uns selbst und andere zu beurteilen, sind wir eher bereit, uns selbst zu vertrauen, und wir können freier und natürlicher Ski fahren. Es ist so, wie Hamlet zu Rosencrantz und Guildenstern sagte: „An sich ist nichts entweder gut oder böse, sondern das Denken erst macht es dazu."

MISSTRAUEN

Auch wer dem eigenen Selbst 2 misstraut, behindert Aufmerksamkeit und natürliches Lernen. Je stärker ein Skifahrer seine natürlichen Fähigkeiten anzweifelt, desto heftiger wird er sich selbst Anweisungen geben und sich anstrengen. Gleichzeitig wird es schwierig, für Rückmeldungen des Körpers offen zu sein, wenn Selbst 1 unseren Körper zwingen will, Dinge zu tun, die es ihm nicht zutraut.
Da es beim Skifahren in jedem Fall unerlässlich ist, das Gleichgewicht zu halten, sei die Frage erlaubt, ob wir Selbst 1 oder Selbst 2 mit dieser Aufgabe betrauen wollen. Wir wissen genau, wie es ist, wenn ein Ski verkantet, wenn wir in eine Welle fahren, wenn es uns förmlich den Boden unter den Skiern wegzieht. Wir taumeln durch die Luft, hängen irgendwo im Raum, einen Ski irgendwie am Boden ... und dann fliegt doch noch ein Arm oder Bein in die entgegengesetzte Richtung, und wir finden die aufrechte Fahrweise wieder. Das geht so schnell, dass wir reagieren, ohne nachzudenken, wir begreifen nicht einmal, was wir genau gemacht haben. Sobald wir unser Gleichgewicht verlieren, macht Selbst 2 automatisch fünf, zehn, fünfundzwanzig oder mehr Korrekturbewegungen, damit wir nicht fallen. Kann Selbst 1 uns wirklich mit so viel natürlicher Gewandtheit anleiten?

TANZ AUF DEN FELSEN

Wenn wir lernen, unserem Körper zu vertrauen, und aufhören, ihn zu steuern und zu lenken, kommen wir zu verblüffenden Ergebnissen.
Ich habe vor einiger Zeit ein einjähriges Projekt für Trainer geleitet. Bei unserem letzten Treffen wollten wir eine einwöchige Klettertour in den Sierras unternehmen und dabei unter anderem einen der höheren Gipfel besteigen. Wir brachen frühmorgens auf und erreichten nach einem anstrengenden Aufstieg gegen Mittag den Gipfel. Nach einem Picknick mit Wein, Käse und viel Euphorie machten wir uns auf den Rückweg.
An einer Stelle trafen wir auf ein Geröllfeld und begannen, von Stein zu Stein zu springen. Dabei wurden wir schneller

und schneller und schließlich waren wir so schnell unterwegs, dass keine Zeit blieb, darüber nachzudenken, auf welchen Stein wir als Nächstes springen, geschweige denn, wie wir landen sollten. Wir mussten den Wunsch nach bewusster Kontrolle aufgeben und auf unseren Körper vertrauen, um auf diese Weise den Berg „hinunterfliegen" zu können. Ich war so auf das fixiert, was ich tat, dass kein Gedanke Platz hatte zwischen Aufmerksamkeit und Aktion, zwischen Fühlen und Handeln. Anfangs hatte ich ein mulmiges Gefühl, doch als ich merkte, dass mein Körper wusste, was er tat, verwandelte sich die Angst in große Freude. Es war, als würde ich Achterbahn fahren – unfähig, die Bewegung zu steuern, selbst wenn ich gewollt hätte. Ich war wie außer mir.

Zu sagen, man müsse den Versuch zu kontrollieren aufgeben, um tatsächliche Kontrolle zu erhalten, klingt paradox. Doch es bedeutet nichts anderes, als die Kontrolle von Selbst 1 aufzugeben und Selbst 2 übernehmen zu lassen. Der Zen-Bogenschütze sagt dazu: „Nicht ich schieße den Pfeil; er schießt sich selbst."

Bevor ein Skifahrer hoffen kann, sein Fahren auf natürliche Weise zu kontrollieren, muss er die größte mentale Herausforderung annehmen und meistern, die es beim Skifahren gibt: Er muss seine Angst loslassen.

4 ANGST VOR STÜRZEN, VERSAGEN UND ERFOLG

ZWEI ARTEN VON ANGST

Ähnlich wie wir Selbst 1 und Selbst 2 unterscheiden, können wir auch Angst 1 und Angst 2 unterscheiden. Die eine hat mit einer ungenauen Wahrnehmung der Realität zu tun und hindert uns daran, Herausforderungen zu meistern. Die andere hingegen bewahrt uns davor, Dinge zu tun, die uns schaden, und befähigt uns im Falle echter Gefahr zu wahren Heldentaten.

Tim und ich leiteten einen Inner Game-Skiworkshop mit rund dreihundert Teilnehmern. Wir baten sie, die Dinge zu benennen, die ihren Fertigkeiten und ihrer Freude beim Skifahren am stärksten im Weg standen. Anschließend gingen wir die Liste durch, und alle, die das jeweilige Hindernis aus eigener Erfahrung kannten, sollten dies durch Applaus anzeigen: Durch starken Applaus sollten sie uns zeigen, dass das Hindernis wichtig war. Schwacher Applaus sollte zeigen, dass sie das Hindernis kannten, ohne es für besonders einflussreich zu halten. Wir notierten Stärke und Dauer auf einer Skala von eins bis zehn.

Auf dieser Skala erhielten „negatives Selbstbild", „Konzentrationsschwäche", „sich zu sehr anzustrengen" und „zu viele Anweisungen an sich selbst" drei bis sieben Punkte. Angst hingegen erhielt dreizehn Punkte, sie schwang weit über die obere Skalengrenze hinaus! Es gab nur wenige Teilnehmer, die dieses Gefühl nicht mindestens als „abträglich" einstuften. Für die meisten war Angst jedoch das Hauptproblem. Einige Teilnehmer gaben sogar zu, dass Angst sie bisher davon abgehalten hatte, überhaupt Skifahren zu lernen.

Tims Ankündigung, dass sich der zweite Teil des Programms vor allem mit diesem mentalen Hindernis befassen würde,

wurde jubelnd aufgenommen. Uns schien, dass die meisten Teilnehmer sich eine Art magischer Heilung erhofften – etwas, das ihre Angst auf einen Schlag beenden und in Sofort-Mut verwandeln würde.
Doch Tim wählte einen umfassenderen Ansatz. „Ist Angst schlecht?", fragte er. „Gibt es nicht eine Form von Angst, die nicht hinderlich, sondern sogar nützlich ist? Ist jemand von Ihnen schon einmal in einer echten Notsituation gewesen und fühlte anstelle von Panik einen Adrenalinstoß, der ihn bewogen hat, genau das Richtige zu tun? Auch das ist eine Angstreaktion. Doch sie behindert uns nicht, sondern bewahrt uns davor, Dinge zu tun, die normalerweise unsere Kräfte und Fähigkeiten übersteigen würden."
Ich kenne eine ziemlich unsportliche Frau, die auf einer Wanderung von einem Bullen angegriffen wurde. Sie rannte knapp hundert Meter in weniger als zwölf Sekunden und rettete sich über einen gut einen Meter hohen Zaun. Erst als sie in Sicherheit war, fiel ihr ein, dass sie eigentlich eine schlechte Läuferin ist und nicht über Zäune springen kann.
Obwohl wir diese Reaktion „Angst" nennen, ist das etwas ganz anderes als das, was wir vor einer Abfahrt empfinden, wenn uns die Knie beim Anblick der Bodenwellen zittern und wir uns verschiedene Stürze vorstellen. Es ist merkwürdig, dass wir diese beiden Reaktionen gleich bezeichnen. Die eine erhöht unser Wahrnehmungsvermögen und verleiht uns zusätzliche Energie, sodass wir weit mehr leisten können als gewöhnlich. Die andere verzerrt unsere Wahrnehmung, lähmt uns und vermindert unser Können. Wir müssen nur an diesem zweiten Gefühl arbeiten, denn das andere ist uns sehr willkommen.
Als ich achtzehn war, lernte ich den Unterschied zwischen diesen beiden Ängsten aus nächster Nähe kennen. Ich arbeitete im Sommer als Rettungsschwimmer am Rockaway Beach in Long Island. Am Vortag hatte ein Hurrikan getobt, und die Wellen waren turmhoch. Unser Team entschied, dass das Baden für Durchschnittsschwimmer zu gefährlich sei, und sperrte den Strand für die Öffentlichkeit. Wir waren

jedoch exzellente Schwimmer und wollten die Wellen herausfordern. Besonders für mich war dies eine unvergessliche Erfahrung. Wer eine dieser Wellen erwischte, konnte mit Schwung eine fast fünf Meter hohe „Abfahrt" hinuntergleiten. Rutschte man ab und wurde auf den Grund geworfen, so wartete man einfach ein paar Sekunden, bis die Welle über einen hinweggegangen war, und stieß sich dann wieder ab zur Oberfläche. Das Schlimmste wäre, ein wenig Salzwasser zu schlucken und die Nase aufzuschürfen. Dachten wir.

Doch dann wollte ich mich vom Grund abstoßen und blieb mit den Beinen in einem Absperrseil hängen, das sich aus seiner Verankerung gelöst hatte. Ich versuchte, mich frei zu strampeln, doch das Seil wickelte sich nur fester um meine Beine, sodass ich nicht an die Oberfläche gelangen konnte. Ich versuchte, mich am Seil an die Oberfläche zu ziehen, doch als ich gerade das Gesicht über dem Wasser hatte und einatmen wollte, stopfte mir die nächste Welle den Mund und drückte mich wieder nach unten.

Ich geriet in Panik, konnte nichts mehr sehen, meine Lungen schienen zu bersten und meine Kräfte schwanden. Mir wurde klar, dass ich ertrinken könnte. So sehr ich mich anstrengte, ich konnte mich nicht aus dem Seil befreien. In einem letzten verzweifelten Versuch zerrte ich, so fest ich konnte, an dem Seil, doch es zog sich nur noch fester.

Zu meinem Glück übernahm plötzlich etwas anderes die Führung. Ich spürte neue Energie, meine Panik ließ nach, und ich wurde ganz ruhig. Ich wusste, dass ich in ernster Gefahr schwebte, aber ich hörte auf, blindlings zu zappeln. Die Zeit schien sich zu verlangsamen und alles wurde klar. Ohne nachzudenken wusste ich instinktiv, was zu tun war. Ich stieß die restliche Luft aus meinen Lungen heraus, entspannte meine Muskeln und ließ mich auf den Grund sinken. Dabei löste sich das Seil genug, dass ich es, auf dem Grund angekommen, abstreifen, mich abstoßen und zur Oberfläche steigen konnte.

In der ersten Angst war ich völlig gefangen, mein blindes Kämpfen hatte mich nur in größere Schwierigkeiten gebracht und mich beinahe das Leben gekostet. Doch obwohl die Lebensgefahr noch größer war, als die zweite Form der Angst einsetzte, war mein Geist ruhiger, und ich konnte so handeln, wie die Situation es erforderte. Mir standen mehr Luft und mehr Kraft zur Verfügung, als der erste Schrecken mich hatte glauben machen wollen. Als ich frei war von Panik, war ich in der Lage, mich zu befreien.

Da diese beiden Formen von Angst so unterschiedlich auf Wahrnehmung und Leistung wirken, sollten wir sie auch unterschiedlich benennen, um sie unterscheiden zu können. Wir wollen zuerst die Angst 2 untersuchen, weil sie nur in seltenen, außergewöhnlichen Situationen auftritt. Sie ist ein deutlicher Kontrast zur Angst 1, die für die meisten Skifahrer die größte Hürde ist.

ANGST 2

In einer Notsituation tut der Körper alles, um seine Tatkraft zu verstärken. Adrenalin wird ins Blut gepumpt, und die Atmung wird verstärkt. Der Brustkorb weitet sich, und der Hals entspannt sich, um mehr Atemluft durchzulassen. Puls und Blutdruck steigen, mehr Blut wird in die Muskeln der Arme und Beine geleitet. Die Leber produziert Glukose und stellt damit Treibstoff für das Gewebe bereit, die Pupillen erweitern sich für schärfste Sicht. So ist der Körper für Höchstleistungen gerüstet. Diese hilfreiche Variante der Angst ist eine Funktion von Selbst 2, deshalb nennen wir sie hier Angst 2.

Angst 2 ist die natürliche Antwort des Körpers auf eine Herausforderung und kann sogar gemeinsam mit Mut auftreten. Sehr oft entsteht sie beim Einsatz von Sportlern, Schauspielern, Rennfahrern, Soldaten und generell von Menschen in Ausnahmesituationen. Ich kenne einen durchschnittlich kräftigen Mann, der den Hilfeschrei seines Sohnes hörte. Er rannte hin und sah das Bein des Kindes unter einem Auto. Ohne zu zögern fasste der Mann die Ecke des Autos, hob den Wagen an und befreite das Bein des Jungen.

Angst 2 fokussiert unsere Aufmerksamkeit in der Gegenwart und verleiht uns Kräfte, die über das Normale hinausgehen. Das macht sie so nützlich, und deshalb brauchen wir ihr

nicht zu widerstehen. Stattdessen müssen wir ihre Energie nutzen. Im Gegensatz zu Stress und Furcht von Selbst 1, die nicht aufhören und immer stärker werden, tritt die Angst von Selbst 2 nur auf, wenn sie gebraucht wird, und verschwindet, sobald die Gefahr vorüber ist.
Bevor wir uns damit beschäftigen, die hinderlichen Aspekte von Angst 1 abzuschalten, müssen wir die Daseinsberechtigung von Angst 2 anerkennen – vor allem bei Sportarten wie Skifahren, wo echte Gefahren bestehen. Am Beginn einer Piste ein mulmiges Gefühl zu verspüren, ist natürlich und nützlich. Wenn die Angst Sie davor bewahrt, ein sinnloses Risiko für Leib und Leben einzugehen, so tut sie Ihnen einen großen Gefallen und Sie sollten sie wertschätzen. Denn Vorsicht ist nicht Feigheit, Leichtsinn nicht Mut!

ANGST 1

Es gibt jedoch eine Art von Angst, die tatsächlich schädlich ist, denn sie mindert unsere Leistungsfähigkeit. Sie entspringt den Eingebungen von Selbst 1, daher nennen wir sie Angst 1.
Angst 1 wirkt wie eine Lupe auf unsere Wahrnehmung. Wenn sie eine Gefahr erkennt, vergrößert sie alles, was sie sieht. Mittlere Bodenwellen werden gigantische Buckel, durchschnittliche Pisten werden zu Abgründen, die Möglichkeit zu stürzen wird zum gebrochenen Bein.
Während wir die Gefahr wie durch einen gigantischen Feldstecher betrachten, sehen wir unsere Fähigkeiten, mit dieser Gefahr fertig zu werden, als würden wir den Feldstecher falsch herum vor die Augen halten. Das Gefühl für unser Können wird geradezu platt gedrückt, sodass wir uns der Situation völlig hilflos ausgeliefert fühlen.
Beides zusammen sorgt dafür, dass sich ein mittelmäßiger Skifahrer am Start einer mittelschweren Abfahrt fühlt wie ein völliger Anfänger auf einer schwarzen Piste. Anstatt darauf nun mit verbesserten Fähigkeiten zu reagieren, wie es unter dem Einfluss von Angst 2 der Fall wäre, ist der Fahrer von diesen Zerrbildern so verwirrt, dass er zögernd und übervorsichtig reagiert, bis hin zur völligen Paralyse.

Ein Skifahrer, den Angst 1 fest in den Klauen hat, steht am Start einer Abfahrt, sieht in die Tiefe und denkt, wie steil es hinuntergeht. Er fühlt, wie sein Magen rumort und die Knie weich werden, und er erinnert sich an jeden Sturz auf ähnlichen Pisten und unter ähnlichen Bedingungen. Er denkt an die damaligen Schmerzen und sieht schon, wie ihm das wieder passiert. Er könnte sich lockern, dehnen und strecken, doch stattdessen verspannen sich seine Muskeln. Sein Mut sinkt, er fühlt sich schwach, alles verschwimmt vor seinen Augen.

Je mehr die Panik Überhand gewinnt, desto heftiger vergrößert Selbst 1 die Gefahr und verkleinert seine Fähigkeiten. Und wenn er dann tatsächlich losfährt, sind seine Muskeln steinhart und sein Geist ist abgelenkt. Er ist so sicher, dass er stürzen wird, dass er im Schnee liegt, bevor er überhaupt Geschwindigkeit aufgenommen hat. Aus seiner Erfahrung weiß er, dass es gar keinen Grund für den Sturz gab. Er schaut sich um: Die Piste ist doch gar nicht so übermäßig schwer. Er muss zugeben, dass seine übertriebene Furcht dafür gesorgt hat, dass die negativen Erwartungen wahr wurden.

Wir finden diese Neigung von Angst 1, Wahrnehmungen so zu vergrößern, dass die Dinge schlimmer aussehen, als sie sind, in vielen Lebensbereichen. Vor vielen Jahren hatte ich mich bei einer New Yorker Werbeagentur beworben, war zum Vorstellungsgespräch gebeten worden und sollte nun in einem Raum mit anderen Bewerbern warten, bis ich an der Reihe war. Ich blinzelte über den Rand meiner Zeitschrift, um meine Mitbewerber zu betrachten. Jeder von ihnen sah aus wie Tom Cruise, selbstsicher und ruhig. Ich fand, sie waren alle viel besser angezogen als ich und überhaupt – sie sahen viel besser und professioneller aus. Wenig später lagen meine Nerven blank, meine Hände waren schweißnass, mein Magen rotierte und ich war so in meiner selbst gemachten Panik gefangen, dass ich mich im Interview kaum konzentrieren konnte.

WIE ANGST 1 UNSER SKIFAHREN BEEINFLUSST

Körper und Kopf sind keine separaten Einheiten, die unabhängig voneinander arbeiten; sie beeinflussen sich gegenseitig. Wenn Angst 1 beginnt, unser Denken zu beherrschen, gewinnt sie sehr schnell Einfluss auf unseren Körper und seine Handlungen.
Wie sie beim Skifahren wirkt, erkennen Sie leicht bei Anfängern. Bei ihnen fällt eine gewisse Steifheit der Bewegungen als Erstes auf. Ihre Beine sind meist fest und unbeweglich, die Knie fixiert, die Schultern hochgezogen, die Fäuste, die den Skistock halten, sind krampfhaft geballt und die Gesichter angestrengt. Angst 1 kann eine Anfängergruppe in eine Gruppe versteinerter Statuen verwandeln, die über die Piste geschoben werden.
Wenn Muskeln zu stark angespannt sind, verliert der Körper seine Beweglichkeit und kann nicht mehr weich auf Veränderungen im Gelände reagieren. Beim Skifahren sollten unsere Knie und Hüften als Stoßdämpfer dienen, sich kurz zusammenziehen, um die Erschütterungen durch Bodenwellen abzufangen, und sich dann wieder zur Normalposition aufrichten. Doch wenn die Stoßdämpfer schon zusammengepresst sind, sind sie zu unbeweglich, um Bodenwellen abzufedern. Skifahren fühlt sich dann an, als würde man mit einem Jeep über eine Schlaglochpiste rasen: Kleine Bodenwellen lassen den ganzen Körper vibrieren, tiefere Schlaglöcher hebeln uns aus dem Sitz und bringen uns aus dem Gleichgewicht.
Wenn wir angstvoll verkrampfen, verringert sich nicht nur unsere Beweglichkeit, sondern auch unser Durchhaltevermögen. Mit angespannten Muskeln müssen wir viel härter arbeiten: Jeder Muskel, den wir an- oder entspannen, braucht zusätzliche Kraft. Da unsere Energiereserven ohnehin fast aufgebraucht sind, werden wir schnell müde. Unsere Reaktionszeit wird länger, das Gefühl für Timing geht verloren, unsere Muskeln verlieren Kraft, und wir können unsere Fahrt weniger fein steuern. Stattdessen entstehen beim Fahren Selbstzweifel und neue Ängste – ein Teufelskreis.
Wenn wir hingegen entspannt sind und mit der Kraft unseres Selbst 2 Ski fahren, setzen wir nur die Muskeln ein, die

wirklich nötig sind, und vergeuden keine Energie dadurch, dass wir uns vor Angst verspannen. Bauch, Arme, Schultern, Hals und Gesicht bleiben eher locker; es sind vor allem die Beinmuskeln, die Ski fahren.

Ein weiterer Effekt von Angst 1 ist, dass sie uns im wahrsten Sinne des Wortes die Luft abklemmt: Wir halten den Atem an. In meinen Workshops zeige ich diesen Effekt gern, indem ich die Teilnehmer bitte, mit angehaltenem Atem eine Minute lang auf der Stelle zu laufen und zu beobachten, was ihr Körper dabei tut. Danach bitte ich sie nochmals, eine Minute lang auf der Stelle zu laufen, aber jetzt sollen sie normal atmen. Mit angehaltenem Atem ermüden sie viel schneller, sie sind „aus der Puste". Abgesehen davon, dass sich Rumpf und Gesicht unnötig verspannen, wenn Angst 1 regiert, leidet man zusätzlich auch unter Sauerstoffmangel. Im Gegensatz dazu haben wir gezeigt, dass Angst 2 den gegenteiligen Effekt erzeugt: Der Körper kann mehr Sauerstoff aufnehmen.

OJE!

In seinem Buch „Inner Game of Tennis" beschreibt Tim eine häufige Ursache für Fehler als „Oje-Erfahrung". Ein Spieler mit einer starken Vorhand wird jeden Ball, der auf seine Vorhandseite kommt, voller Selbstvertrauen zurückspielen. Doch sobald er seine schwächere Rückhand einsetzen muss, sagt er zu sich selbst „oje". Mit diesen zwei Silben versteift sich sein Arm, der Schläger gerät aus seiner natürlichen Schlagbahn, er trifft den Ball nicht richtig ... Fehler.

Solche selbst verursachten Fehler gibt es auch in anderen Sportarten. Betrachten wir jemanden, der seit einem Jahr Ski fährt, aber von sich selbst immer noch denkt, er sei ein Anfänger. Sobald er losfährt, fühlt er sich unsicher und fährt übervorsichtig. Er hat große Angst, die Gewalt über seine Skier zu verlieren, und sobald er auch nur etwas schneller wird, denkt er: „Oje, ich bin viel zu schnell." Um die Vorwärtsbewegung aufzuhalten, lehnt er sich leicht zurück und hat dadurch mehr Gewicht auf dem hinteren Teil der Skier – doch das beschleunigt die Fahrt nochmals und der Fahrer verliert noch mehr Kontrolle. „Oje, jetzt falle ich", denkt er, lehnt sich weiter zurück, wird schneller und verkrampft den ganzen Körper in Erwartung des unvermeidlichen Sturzes. „Ich wusste, dass das passiert. Ich bin ein erbärmlicher Skifahrer", sagt er sich und verstärkt damit sein negatives Selbstbild. „Ich stürze sogar auf dem Idiotenhügel!" Und schon hat er eine weitere Episode gespeichert, die sein tatsächliches Können untergräbt und seine Angst 1 nährt. Sobald er beim nächsten Mal schneller fährt, kann sein Körper die falschen Bewegungsabläufe perfekt wiederholen.

DER ANGST-1-KREISLAUF

Angst, die auf Einbildung basiert, nutzt einen selbstzerstörerischen Kreislauf. Wir schauen auf eine bucklige Piste und denken: „Das schaff ich nicht." Die Bodenwellen wachsen vor unserem inneren Auge und werden immer schwieriger, und diese verzerrte Wahrnehmung bringt unseren Körper dazu, sich in Erwartung des schmerzhaften Sturzes zu verkrampfen. Wenn wir so verspannt und steif sind, fallen wir natürlich – wie erwartet – beim ersten Buckel. Die verzerrte Wahrnehmung schwächt unser lädiertes Selbstbewusstsein weiter, und die nächste Schwierigkeit am Hang wächst und wächst. Angst 1 zerstört alles, was unser Skifahren ausmacht: unsere Wahrnehmung, unsere Leistung und unser Selbstbild. Und obwohl jede einzelne gedankliche Verzerrung nur auf Einbildung beruht, beeinflusst sie alle anderen Faktoren beim Skifahren. Dieser Kreislauf der Angst wird so lange weitergehen, bis wir das zugrunde liegende Zerrbild zerstören.

Aufmerksamkeit vertreibt die Einbildungen

ANGST 1 ÜBERWINDEN

Der Hauptunterschied zwischen Angst 2 und Angst 1 besteht darin, dass Angst 2 auf Realität basiert und Angst 1 auf verzerrten Wahrnehmungen, auf Einbildungen. Es gibt nur eine einzige Möglichkeit, diese Illusionen zu vertreiben: Wir müssen unsere Aufmerksamkeit für die Realität schärfen, wir müssen besser wahrnehmen, was tatsächlich ist. Zwar gibt es viele Wege, die Form einer Illusion zu verändern, doch nur Aufmerksamkeit kann sie tatsächlich eliminieren.

Aufmerksamkeit ist Licht, Einbildung ist Dunkelheit. Und nur Licht kann Dunkelheit vertreiben. Einbildung bedeutet, dass wir Dinge sehen, die nicht da sind, und umgekehrt Dinge nicht sehen, die da sind. Aufmerksamkeit sorgt dafür, dass uns Dinge bewusst werden. Wenn wir sie auf die Realität richten, ermöglicht sie uns, wirklich nur das zu sehen, was *ist*.

Ein kleiner Junge, der sich beim Schlafengehen vor dem Monster in seinem Zimmer fürchtet, ist starr vor Angst. Seine Einbildung hat sehr reale Kraft – und zwar genau so lange, bis sein Vater hereinkommt und das Licht einschaltet. Der Junge blinzelt unter der Decke hervor, dorthin, wo eben noch das Monster war, und sieht, dass es nur seine Kleider waren, die auf dem Stuhl liegen.

„Ich dachte, da sei ein Monster", sagt der Kleine eingeschüchtert.

„Und nun siehst du, dass es keins war", sagt der Vater und geht hinaus.

Doch der Vater irrt. Es war tatsächlich ein Monster im Zimmer: die Angst 1 in der Vorstellung des Kindes, die wahrscheinlich auch noch in der Vorstellung des Vater existiert. Um aus dem Dunkel der Einbildung ins Licht zu treten, müssen Sie den Mut aufbringen, Ihr inneres Monster anzuschauen. Dann hat es keine Chance, die Realität mit seinen Schreckensbildern zu verzerren.

Doch wie können wir das Licht einschalten? Wie gehen Sie vor, um die Aufmerksamkeit für das, was *ist*, zu steigern, um die Angst 1 abzubauen?

Drei Bestandteile von Angst 1

Jede beängstigende Situation besteht aus drei Bestandteilen, und Selbst 1 projiziert seine Fantasie auf einen, zwei oder alle drei, um Angst 1 auszulösen. Der erste ist ein Gefühl von *Gefahr*: Da ist etwas, das Böses tun könnte. Der zweite ist ein Gefühl von *Verwundbarkeit*: Es gibt jemanden, dem diese Gefahr ein Leid zufügen könnte. Der dritte ist ein Gefühl von *Unfähigkeit*: Die verwundbare, bedrohte Person

ist nicht in der Lage, die Gefahr zu überwinden. Wenn eine dieser drei Komponenten fehlt, gibt es keine Angst.
Beim Skifahren ist in der Regel die Piste die Gefahr, und der Körper des Skifahrers ist das Verwundbare. Doch wenn der Skifahrer weiß, dass er gut genug fährt, um die Piste zu bewältigen, hat er keine Angst. Wenn der Skifahrer nicht besonders gut fährt, aber die Piste so flach ist, dass er sie nicht als Gefahr empfindet, so wird er auch keine Angst haben. Die dritte Möglichkeit ist schwer vorstellbar: Kaum ein Skifahrer wird sich grundsätzlich für unverwundbar halten. Aber ein solches „theoretisches Individuum" würde natürlich auch keine Angst empfinden.
Angst 1 entsteht, wenn mindestens einer dieser drei Bestandteile aus einer Einbildung erwächst. Je stärker die Angst „Gefahr", „Verwundbarkeit" oder „Unfähigkeit" überzeichnet, desto größer wird sie. Angst 1 aufzulösen heißt also, in einer gegebenen Situation aufmerksamer zu sein: Dann kann ich die echte Gefahr, mein wahres Können und meine tatsächliche Verwundbarkeit richtig einschätzen.

EINGEBILDETE GEFAHREN AUFLÖSEN

Um eine Einbildung aufzulösen, die Gefahren ungerechtfertigt vergrößert oder verkleinert, müssen wir der Bedrohung ins Auge schauen. Beim Tennis schlägt Tim vor, dass wir die Oje-Erfahrung überwinden, indem wir uns beim Schlag auf die Nähte des Balls konzentrieren. Wenn wir das tun, sieht unser Geist nämlich den Ball und kein Oje. Folglich verspannt sich der Körper nicht, die Augen erkennen den Ball als das, was er ist, der Schläger trifft ihn, und der Fehler bleibt aus.
Ähnlich ist es beim Skifahren: In der Regel vermeiden wir, das anzuschauen, was uns am meisten Angst macht. Der Junge, der Angst vor dem Monster hat, zieht sich die Decke über den Kopf und beraubt sich jeder Chance, seine Einbildung aufzugeben. Stattdessen läuft seine Fantasie auf Hochtouren. Weil wir Gefahren nicht gerne untersuchen, bleiben sie das große Unbekannte, und Unbekanntes macht bekanntlich Angst. Wenn wir die Einbildungen, die uns Selbst 1 einflüstert,

überwinden wollen, müssen wir bereit sein, die Gefahr offen anzuschauen und sie mutig einzuschätzen.

Wie Aufmerksamkeit dazu beitragen kann, Ängste abzubauen, zeigt das Beispiel von John. John war ein mittelmäßiger Skifahrer, der Bodenwellen für seine Erzfeinde hielt. Er wollte diese Angst überwinden, und zwar auf einer Abfahrt mit dem sinnigen Namen „Big Bumps" (große Buckel). Doch als wir oben ankamen, geriet er nach dem ersten Blick auf die Piste in Panik.

„Ich muss verrückt sein, hier runter zu wollen", rief er aus. „Schon beim Anblick der Piste habe ich Todesängste, wie soll ich denn da runterfahren?" Seine Stimme klang so, als würde er als Nächstes sagen: „Vergiss es, wir fahren woanders."

„Mir ist es egal, ob wir hier runterfahren oder nicht", sagte ich. „Aber wenn wir schon mal hier sind, könnten wir auch ein Experiment machen. Es geht nur darum, die Piste anzuschauen. Ich verspreche dir, ich werde dich nicht bitten zu fahren."

„Okay", sagte John widerwillig. „Was soll ich machen?"

„Schau einfach auf die Piste. So, als ob du sie nicht hassen würdest. Und dann sag mir, was du siehst."

„Es ist verdammt steil", sagte John sofort. „Und ich hasse Buckel. Ich kann nichts dafür. Sie haben mich zu oft zu Fall gebracht."

„Welche hasst du denn am meisten?", fragte ich.

„Solche wie die da drüben, wo es fast gerade runtergeht", antwortet er und zeigte auf den steilsten Teil der Piste.

„Nimm mal deinen Skistock so quasi als Hilfslinie, um den Winkel der Piste dort drüben festzustellen. Sei so genau wie möglich. Wie steil ist es dort wohl?"

Nach einer Pause sah John überrascht aus, der Skistock in seiner Hand zeigte eindeutig eine Piste mit weniger als 20°.

„Es hat wie 80 ausgesehen", sagte er leise.

„Lass deine Augen jetzt nach anderen steilen Stellen suchen und nach den widerlichsten Bodenwellen. Schau jede ganz sorgfältig an und sortiere sie nach ihrem Schwierigkeitsgrad."

John begann, den Hügel sorgfältig zu untersuchen, benannte genüsslich die schwierigsten Stellen und erklärte mir ausführlich, was daran so schwierig war. Nach ein paar Minuten sagte er: „Hey, ich fange an, den Hügel richtig gut kennenzulernen. Irgendwann bin ich der weltbeste Experte für Big Bumps."
„Wenn du dieses Abfahrt fahren würdest - und ich schlage nicht vor, dass du es tun sollst - wo würdest du dann die erste Kurve fahren?", wollte ich wissen.
John sah hinunter und sagte dann: „Dort drüben könnte es gehen. Ja, das könnte ich schaffen."
„Und die zweite?"
„Tja. Nummer zwei da, und dann ... dort ... die Drei ... Vier ... Fünf ..." Seine Stimme klang ruhig und konzentriert, als er die Abfahrt in seiner Vorstellung durchging. Plötzlich drehte er sich grinsend zu mir um, nahm seine Skistöcke und fuhr ohne ein weiteres Wort los.
Überrascht von diesem plötzlichen Entschluss fuhr ich ihm nach und staunte, wie entspannt und gleichzeitig aggressiv er fuhr. Ein paar Mal strauchelte er auf einigen Bodenwellen, aber er fing sich immer wieder und fuhr sicher hinunter.
Am Ende der Piste glühte sein Gesicht vor Begeisterung. „Das hat Riesenspaß gemacht", sagte er. „Wirklich. Ich könnte mich noch daran gewöhnen, Buckel gernzuhaben."
Ich wusste, dass John stolz darauf war, die Abfahrt gemeistert zu haben, ohne zu stürzen, aber ich sah in seinem Gesicht noch mehr: die Freude, seine Angst besiegt zu haben.
John hatte seinen Sieg errungen, indem er die Buckelpiste in allen Einzelheiten angeschaut und jeden Buckel für sich betrachtet hatte. Durch diese objektive Beobachtung konnte die eingebildete Gefahr wieder auf ihre tatsächliche Größe schrumpfen. Gleichzeitig wurde sich John der tatsächlichen Gegebenheiten bewusst: Es gab große Buckel, aber sogar die konnte er fahren, wenn ihn die Angst nicht lähmte. Es war genau wie beim Beobachten der Nähte eines Tennisballs: Der Geist wird ruhiger, wenn er sich mit den tatsächlichen Details befasst - je kleiner desto besser.

Geschwindigkeitsphobie

Bei vielen Skifahrern wächst die Angst proportional zu ihrer Geschwindigkeit. Weil sie schon mehrmals bei höheren Geschwindigkeiten gestürzt sind, verbinden sie automatisch Geschwindigkeit mit Stürzen. Tatsächlich kann hier eine Gefahr liegen – jedoch nur insofern, dass überhöhte Geschwindigkeit dazu führen kann, dass man die Gewalt über seine Skier verliert. Hier ist Angst 2 gesund, und wir müssen sie beachten. Selbst 1 kann Sie tatsächlich dazu bringen, schneller zu fahren, als Ihre Fähigkeiten erlauben, wegen des Nervenkitzels oder weil Sie sich selbst oder Ihren Freunden beweisen wollen, dass Sie keine Angst haben. Auch hier ist Angst eher Freund als Feind. Aber es gibt eben auch diese eingebildete Komponente: Geschwindigkeit gefährde den Skifahrer auch dort, wo überhaupt keine wirkliche Gefahr besteht. Wie überwinden wir diese Einbildung? Wenn wir Ski fahren, bemühen wir uns in der Regel sehr bewusst, schneller oder langsamer zu werden. Durch dieses Bemühen verlieren wir den Blick dafür, wie schnell wir tatsächlich fahren. Um für die Geschwindigkeit aufmerksamer zu werden, können wir Folgendes tun: Wir legen für uns selbst verschiedene Schnelligkeitsstufen fest und untersuchen, wie sich die jeweilige Geschwindigkeit zu unserer Fähigkeit, den Ski zu steuern, verhält.

Sie könnten zum Beispiel Ihre persönliche Höchstgeschwindigkeit als Stufe 5 und Stillstand als Stufe 0 bezeichnen. Während Sie fahren, sagen Sie laut die Zahl, die Ihrer momentanen Schnelligkeitsstufe entspricht. Die meisten Menschen, die auf diese Weise auf ihre Geschwindigkeit achten, stellen fest, dass sie auf einmal viel schneller fahren können, als sie früher je gedacht hatten.

Allerdings müssen wir hier unterscheiden: Geschwindigkeiten, die unter einfachen Bedingungen problemlos zu meistern sind, können in schwierigem Gelände zu hoch sein. Und wenn Sie völlig die Kontrolle über Ihre Skier verlieren, haben Sie kaum eine Chance festzustellen, wie schnell Sie tatsächlich unterwegs sind. Die Beziehung dieser drei

Faktoren – Geschwindigkeit, Gelände und Kontrolle – ist essenziell.

Willkommen auf dem Eis

Bei einer Inner Game-Skistunde mit Junior Bounus, dem Leiter der Skischule in Snow Bird, stürzte Tim. Als er wieder stand, fragte Junior: „Weißt du, warum du gestürzt bist?"
„Keine Ahnung", antwortete Tim, „ich habe plötzlich das Gleichgewicht verloren, und dann lag ich da."
„Schau", sagte Junior und zeigte auf eine kleine Schneefläche, die in der Sonne glitzerte. Der Unterschied zum Schnee daneben war kaum sichtbar. „Das ist Eis. Da bist du gestürzt."
„Oh", sagte Tim. „Das habe ich nicht gesehen. Da sollte ich lieber nicht mehr drüberfahren."
„Wenn du weißt, wie das Eis auf deine Skier wirkt, kannst du jederzeit darüberfahren", erklärte Junior. „Eis ist glatter als Schnee, darum beschleunigen die Skier, sobald du auf Eis fährst. Die meisten Skifahrer lehnen sich nach hinten, um das Abrutschen zu vermeiden. Dadurch rutschen die Skier noch stärker ab, und der Fahrer liegt im Schnee. Wenn du aber, sobald deine Skier das Eis berühren ..."
„... mich dem Gleiten anpasse statt Widerstand zu leisten ..."
„Genau", sagte Junior. „Wir suchen noch ein bisschen Eis zum Üben."
Tim fing an, sich auf die Herausforderung des Eises zu freuen. Was auf den ersten Blick wie ein Hindernis gewirkt hatte, wurde plötzlich zu etwas, das er suchen und genießen konnte. Neugier verkleinerte die Angst, und sie führte zu erhöhter Aufmerksamkeit. Dadurch kamen Eisfelder nicht mehr so unerwartet, was wiederum die Gefahr verminderte. Schon nach kurzer Zeit fuhr Tim fast ebenso sicher über die Eisfelder wie über Schnee.

Andere Skifahrer

Manchmal ist das größte Risiko auf der Piste nicht unter, sondern über Ihnen: die anderen Skifahrer. Hinfallen ist beängstigend genug, *umgefahren* zu werden, ist dagegen ein Horror. Auch hier gilt: Erhöhte Aufmerksamkeit ist unser bester Schutz. Bevor Sie losfahren, prüfen Sie, wie viele Skifahrer unterwegs sind, und machen Sie sich ein Bild von deren Können. Wenn Sie besonders waghalsige Fahrer sehen, seien Sie besonders auf der Hut. Wenn Sie unterwegs sind, können Sie nach und nach Ihr Sichtfeld nach rechts und links erweitern, um Skifahrer in Ihrer Nähe zu sehen – genau wie Mannschaftssportler das „periphere Sehen" trainieren, um Mitspieler und Gegner rechtzeitig zu sehen.

Wir empfehlen Ihnen auch hier *Aufmerksamkeit* und nicht Paranoia! Wenn Sie sich der Angst vor einem Zusammenstoß hingeben, erhöhen Sie auch die Chance dafür oder wenigstens für einen Sturz. Wenn Sie sich von anderen Fahrern ablenken lassen, die Sie vermutlich sowieso nie berührt hätten, geht Ihre Aufmerksamkeit für den Skihang verloren. Dadurch werden Sie selbst zu der Gefahr, die Sie vermeiden möchten. In ganz wenigen Fällen ist ein Zusammenstoß unvermeidlich, doch Sie können die Chance darauf ebenso minimieren wie Ihre irrationalen Ängste: indem Sie aufmerksam sind und ihrem Selbst 2 vertrauen.

Kurz und gut: Alle Ängste, die wir aufgrund von eingebildeten Gefahren verspüren, können wir verringern oder ganz ablegen, wenn wir unsere Aufmerksamkeit für die Piste erhöhen. Damit das geschehen kann, müssen wir dem ins Auge schauen, was wir fürchten. Wir müssen bereit sein, die Buckel, das Eis, die Geschwindigkeit und die anderen Skifahrer wirklich zu sehen und zu erkennen. Dieses Mehr-Wissen führt automatisch zu mehr Sicherheit: Unser fahrerisches Können wird besser und ebenso unsere Fähigkeit, Dinge vorauszusehen.

Wenn Sie merken, dass Sie in den Klauen von Angst 1 sind, dann gestatten Sie sich einmal, dem, was Sie ängstigt, direkt ins Gesicht zu schauen. Erlauben Sie sich, alle Details Stück für Stück aufzusaugen – von allem, was Sie gerade fürchten. Schauen Sie den Gefahren ins Auge, bis Sie das Gefühl haben, Sie *kennen* sie – oder bis zumindest das Gefühl aufsteigt, dass Sie sie gerne besser kennenlernen würden. Wenn

Sie beginnen, ein Hindernis als eine willkommene Herausforderung zu sehen, verschwindet Ihre Angst. Und wenn Sie nach einer gründlichen, objektiven Prüfung der Piste immer noch der Meinung sind, sie sei zu schwer, dann suchen Sie nach einer kleineren Herausforderung. Das ist nicht Feigheit, sondern Vernunft. Denken Sie daran: Angst 1 kann Sie auch dazu verführen, echte Gefahren zu unterschätzen.

FURCHTLOS UND DUMM?

Sie kennen diese Halbstarken, die im Schuss völlig unkontrolliert den Berg runterrasen, wilde Entschlossenheit im Blick, Körper und Gesicht angespannt. Gleichgewicht scheint ein Fremdwort für sie zu sein, es sieht aus, als würden sie jeden Moment stürzen. Sie fahren schneller, als sie fahren können, und sind damit eine Gefahr für sich und andere.
Solche Skifahrer – und das sind beileibe nicht nur Teenager – haben vielleicht keine Angst, aber sie besitzen auch kein Verantwortungsgefühl. Während der überängstliche Fahrer die Gefahren des Bergs hochspielt, schaut der Halbstarke durch das falsche Ende seines Feldstechers; er sieht alle Gefahren stark verkleinert und überschätzt so seine Fahrkünste. Doch das Schlimmste ist, dass er seine eigene Sicherheit und die seiner Umgebung unterbewertet. Das macht es ihm fast unmöglich zu entscheiden, ob er in der Lage ist, eine Piste zu fahren.
Draufgängerisch stürzen diese Menschen sich kopfüber in jede Situation. Beim Versuch, ihren Freunden zu beweisen, dass sie tatsächlich keine Angst kennen, gehen sie sinnlose Risiken ein. Manche versuchen auf diese Weise, Selbstzweifel zu überdecken, andere fühlen sich vom Leben gelangweilt und suchen in solch leichtsinnigen Aktionen einen neuen „Kick".

ECHTE GEFAHREN

Natürlich gibt es echte Gefahren auf der Welt, ebenso wie es Abfahrten gibt, die unter bestimmten Bedingungen auch für die besten Skifahrer zu schwierig sind. Angst 1 hingegen lenkt uns mit eingebildeten Gefahren von dem ab, was real und gegenwärtig ist. Selbst wenn die Welt an der Schwelle

eines Atomkriegs stünde, gäbe es noch immer ein paar Angeber, deren größte Sorge es ist, elegante Kurven zu fahren. Einer meiner Freunde kam aus Hawaii zurück und berichtete fasziniert über die Bewohner einer Stadt in der Nähe eines Vulkans. Der stieß zwar immer wieder Rauch aus, gab grollende Geräusche von sich und ließ die Erde leicht beben, doch seit fünfzig Jahren war er nicht mehr ausgebrochen.
„Die Menschen dort sind genau wie wir", erklärte mein Freund überrascht. „Sie kümmern sich mehr darum, was die Nachbarn über sie denken, als um die tägliche Bedrohung, dass ihre Stadt zerstört werden könnte."
Wir müssen lernen, echte Gefahren als echt und eingebildete Gefahren als eingebildet zu erkennen. Wenn wir eine Gefahr präzise erkennen, können wir auch mit ihr umgehen.
Doch meine Beobachtungen zeigen, dass Menschen sich eher der Angst 1 hingeben, wenn die wirkliche Bedrohung klein ist. Meine Mutter geriet regelmäßig in Panik, wenn eines ihrer Kinder nicht zur vereinbarten Zeit zu Hause war. Horrorfantasien von Autounfällen quälten sie, sie steigerte sich so sehr in ihre Angst hinein, dass sie die ganze Familie ansteckte. In echten Notsituationen war meine Mutter dagegen die ruhigste von uns allen. Sie wusste genau, was zu tun war, und tat das schnell, umsichtig und in höchster Geistesgegenwart: Angst 2 hatte die Fantasiegebilde von Angst 1 ersetzt.

ÄNGSTE UNTERSCHEIDEN KÖNNEN

Fragen Sie sich nun: „Woran merke ich, ob die Gefahr echt ist und ich Angst 2 verspüre oder ob ich mir die Gefahr nur einbilde und Selbst 1 die Angst 1 in mir auslöst?"
Wenn Sie im Zustand körperlicher und geistiger Bereitschaft sind (Angst 2), brauchen Sie sich diese Frage gar nicht zu stellen. Wenn sie dennoch auftaucht, dann beobachten Sie am besten Ihre körperlichen Reaktionen. Obwohl Angst 1 in der Einbildung entsteht, sind ihre körperlichen Symptome sehr real. Wir merken tatsächlich, wie sich der Magen fast umdreht, wie die Knie zittern, der Mund austrocknet und der Atem schneller wird. Die Reaktionen sind deshalb so

stark, weil wir wirklich das Gefühl haben, in großer Gefahr zu schweben.
Den Unterschied zwischen der Anspannung Ihrer Muskeln durch Angst 1 und dem Adrenalinstoß von Angst 2, der Ihr Herz schneller schlagen lässt, erkennen Sie leicht. Bei Angst 2 sind Ihr Geist klar und Ihre Wahrnehmungen präzise; bei Angst 1 fühlen Sie Panik und sehen alles nur noch verschwommen. Wenn Angst 1 uns beeinflusst, haben wir Angst, die Piste anzuschauen, weil unsere Angst dadurch noch größer wird, während Angst 2 uns erlaubt, die Gefahr mit einem verstärkten Gefühl für Einzelheiten zu betrachten.
In den meisten Fällen erleben wir eine Mischung aus Angst 1 und Angst 2. Neben den Einbildungen, die Selbst 1 hervorbringt, ist in der Regel auch ein gewisses Maß an echter Gefahr vorhanden. Ziel ist, diese eingebildete Komponente der Angst zu verringern oder auszuschalten. Je besser uns das gelingt, desto stärker kann die verbleibende Angst 2 unsere physischen und psychischen Fähigkeiten verbessern, sodass wir mit der tatsächlichen Herausforderung umgehen können.

DIE EIGENEN FÄHIGKEITEN RICHTIG EINSCHÄTZEN

Wenn es uns gelingt, die Piste deutlich zu sehen, ohne ihre Gefahren zu überzeichnen, können wir als Nächstes prüfen, ob unser Können reicht, um diese Situation zu bewältigen. Das Verhältnis von Schwierigkeitsgrad und Können gibt an, wie groß das Risiko wirklich ist.
Wie viel wir wirklich können, lässt sich auf verschiedene Weise ermitteln. Am einfachsten ist es, indem wir unsere Erfahrung zu Rate ziehen. Bin ich schon einmal eine solche steile, schmale Abfahrt mit Buckeln und Eisflächen hinuntergefahren? Wenn nicht, wie groß ist die Herausforderung verglichen mit dem, was ich schon bewältigt habe?
Wenn wir unsere Erfahrungen heranziehen, müssen wir jedoch auch auf die Besonderheiten der jetzigen Situation achten. Eine Piste, die Sie am Morgen bewältigt haben, als Sie frisch und ausgeschlafen waren, kann sich am Ende eines langen Skitages als schwierig erweisen. Wo Sie am Morgen

noch über eine weiche Decke aus Pulverschnee gefahren sind, können am Nachmittag vereiste Stellen entstanden sein, die sogar für bessere Skifahrer als Sie problematisch sind. Wenn wir Selbst 2 vertrauen, müssen wir über all das gar nicht nachdenken – Selbst 2 weiß die Antworten intuitiv. Wenn wir ihm erlauben, die Piste wirklich zu sehen, beurteilt es sicher, ob die besonderen Herausforderungen im Rahmen seiner Möglichkeiten liegen.

Ich kombiniere meist Vertrauen in die Intuition meines Selbst 2 mit objektiver Beobachtung und Erinnerungen. Dagegen vertraue ich niemals meinen Gedanken. Denn hier reden viele Stimmen durcheinander: „Das schaffst du nicht!", „Sei doch kein Feigling!", „Jeder Trottel kommt hier runter!" Stattdessen frage ich meine Intuition: „Möchtest du hier fahren oder lieber nicht?" Ich versuche nicht, mich zu überreden. Ich bin für jede Antwort offen. Wenn ich nicht sicher bin, schaue ich die Abfahrt genauer an und frage noch einmal: „Bin ich bereit für die Herausforderung oder gehe ich ein unsinniges Risiko ein?"

UNSINNIGE RISIKEN ODER SINNVOLLE HERAUSFORDERUNGEN

Unsere Erfahrungen zeigen uns Schritt für Schritt, was wir können und was nicht. Wenn wir jede Herausforderung ablehnen, lernen wir von uns selbst nicht mehr kennen als unsere offensichtlichen Fähigkeiten. Wenn unser Denken hingegen frei ist von falschen, angstbesetzten Vorstellungen über unser Können, dann können wir angemessene Herausforderungen akzeptieren, ohne Risiken einzugehen.

Ihr Selbst 2 weiß genau, welches Ihr nächster Schritt auf dem Weg zu mehr Können ist. Selbst 1 fragt dagegen: „Was werden die anderen denken, wenn ich jetzt nicht mit ihnen hier herunterfahre? Wenn ich nicht mithalte, denken sie, ich hätte Angst und nehmen mich beim nächsten Mal nicht mehr mit. Und wenn ich nachher denen unten erzähle, dass ich hier runtergefahren bin – die werden Stielaugen machen!"

Wenn Selbst 1 uns zu etwas drängt, will es oft unser Image erhalten oder verbessern. Forderungen von Selbst 2 hingegen kommen aus unserem tiefsten Inneren und wollen uns dort-

hin führen, wo wir unser Potenzial noch besser entfalten können. Selbst 2 zwingt uns nicht zu handeln, sondern führt uns in aller Ruhe und respektiert unsere Freiheit, eine Herausforderung zu akzeptieren oder aufzuschieben.
Ich erinnere mich an eine Begebenheit, bei der mein Selbst 1 mich verleitete, ein dummes Risiko einzugehen. Ich war mit Freunden beim Skifahren, die sehr viel besser waren als ich, und sie beschlossen, abseits der Piste durch den Wald abzufahren. Etwas in mir fand, dass das keine gute Idee sei. Ich spürte die Angst nicht so, wie ich normalerweise Angst spüre, sondern nur die tiefe Überzeugung, dass ich etwas Falsches tue. Ich war schon drauf und dran anzuhalten und meinen Freunden zu sagen, dass ich hier nicht mitfahren würde. Doch da schaltete sich Selbst 1 ein und rief mir zu: „Du Angsthase! Wenn du jetzt kneifst, lachen sie dich aus und werden dich nächstes Mal nicht mitnehmen."
Ich war einen Moment hin- und hergerissen zwischen dem Wissen, einen Fehler zu machen, und der Erpressung von Selbst 1. Als wir an der Stelle ankamen, wo wir abfahren wollten, sah ich, dass meine Ahnung mich nicht getrogen hatte. Die Abfahrt war extrem steil, der Schnee schwer und es gab eine Menge Bäume. Aber Selbst 1 hatte wieder etwas zu sagen: „Du kannst dich jetzt nicht drücken! Was sollen sie von dir denken?" Ich gab dem Drängen nach und fuhr los. Es war eine wilde Fahrt mit vielen hässlichen Stürzen, und am Ende konnte ich froh sein, dass ich mich nicht verletzt hatte. Drei Tage später las ich in der Zeitung, dass genau an der Stelle eine Lawine abgegangen war und drei Menschen getötet hatte.

FALSCHE ANNAHMEN ÜBER UNSER KÖNNEN

Natürlich liegt die größte Gefahr beim Skifahren darin, zu stürzen und sich zu verletzen. Doch die meisten Skifahrer fürchten mehr, als „nur" körperlich verletzt zu werden. Die Angst, dass auch unser Ego blaue Flecken bekommt oder dass wir unser Selbstbild beschädigen, indem wir uns blamieren, ist genauso real. In einer Anfängergruppe gaben acht

von zwölf Teilnehmern zu, Angst zu haben. Von diesen acht erklärten sechs Personen, dass sie ebenso viel Angst vor Stürzen wie vor der Blamage hätten.
Und es gibt noch eine weitere Schwachstelle. Wir könnten es die Angst vor dem Erfolg nennen: die Angst, besser zu sein, als wir je erwartet hätten, die Angst loszulassen und uns ganz der Führung von Selbst 2 anzuvertrauen.

ANGST VOR STÜRZEN, VERSAGEN UND ERFOLG

Die drei Formen der Angst – vor Stürzen, Versagen und Erfolg – kommen aus unterschiedlichen Schwächen. Wenn wir ihre negativen Folgen überwinden wollen, müssen wir lernen, sie zu unterscheiden. Die drei (unvollständigen) Listen zeigen Ängste von Teilnehmern, die wir den verschiedenen Themen zugeordnet haben.

Angst vor dem Stürzen

- Ich habe Angst, zu schnell zu werden, sodass ich nicht mehr anhalten kann, stürze und mich verletze.
- Ich habe Angst, dass die alte Knieverletzung wieder aufbricht.
- Skifahren ist gefährlich. Ich fürchte, dass ich nicht wieder zur Arbeit gehen kann, wenn ich mich verletze. Und was noch schlimmer ist: Ich kann dann für lange Zeit nicht mehr Ski fahren.
- Ich hasse es, hinzufallen und dabei nass und kalt zu werden.

Angst vor dem Versagen

- Ich habe Angst, dass ich nie Ski fahren lerne.
- Wenn ich mir alle Mühe gebe und trotzdem nicht gut fahre, weiß ich, dass ich einfach nicht gut bin. Aber wenn ich mich ein bisschen zurücknehme, kann ich mich immer noch damit herausreden, dass ich mich nicht genug bemüht hätte.
- Ich fürchte, alle können sehen, wie ungeschickt und unbeholfen ich bin.
- In diesen Skihosen sehe ich einfach furchtbar aus.
- Ich habe Angst, mich vor anderen zu blamieren.

Angst vor dem Erfolg

- Ich habe Angst, zu gut zu fahren. Meine Freunde halten mich sonst für einen Angeber.
- Ich habe Angst, die Selbstkontrolle aufzugeben, obwohl ich weiß, dass ich dann eigentlich besser Ski fahre.
- Ich möchte nicht wirklich gut fahren, denn dann habe ich einen Ruf zu verlieren.
- Wenn ich wirklich loslasse, fühlt es sich an, als würde ein Teil von mir sterben.

Um Ihre eigenen Schwächen besser kennenzulernen, können Sie sich ein paar Fragen stellen: Welchen Schaden könnte ich überhaupt erleiden? Bedroht dieser Schaden meine Gesundheit oder mein Ego? Seien Sie beim Antworten so genau wie möglich.

Wenn Ihnen klar wird, dass Sie Angst haben zu stürzen, fragen Sie weiter. Was wird bei einem Sturz wahrscheinlich passieren? Glauben Sie, dass Sie sich in der augenblicklichen Situation tatsächlich ernsthaft verletzen können? Und wenn ja, was dann? Fürchten Sie den Schmerz, die Arbeitsunfähigkeit, die Kosten? Wenn Sie hingegen nur befürchten, dass Sie bei einem Sturz kalt und nass werden, verfolgen Sie auch diese Furcht bis zum Ende. Kurz: Achten Sie darauf, dass Sie beim Betrachten der Konsequenzen vom Fallen, Versagen und Abheben weder über- noch untertreiben.

Ich habe einmal eine sehr verängstigte Skifahrerin gefragt, was ihr am meisten Angst mache. Sie sagte, es sei nicht so schlimm zu stürzen, aber die Vorstellung, schlechter Ski zu fahren als ihre Freunde, sei ihr unerträglich.

„Was wäre denn dann?"

„Nun, sie würden mich weniger mögen und würden mich nicht mehr fragen, ob ich mit zum Skifahren komme."

„Und dann?"

„Dann verliere ich sie womöglich als Freunde."

„Und danach?"

„Dann fühle ich mich wahrscheinlich einsam. ... Nein, ich würde sicher neue Freunde finden."

„Aha. Und dann?"
„Das sind dann vielleicht bessere Freunde als diejenigen, die mich nur mögen, wenn ich gut Ski fahren kann."
Sie brauchte also nur einen kleinen Anstoß, um ihre übertriebene Schwäche zu durchschauen. Und damit war auch ihre Angst verflogen.

Angst vor dem Stürzen

Natürlich ist der menschliche Körper anfällig für Verletzungen, wenn er sich so schnell bewegt, dass er die Bewegungen nicht mehr beherrschen kann. Wir haben gesehen, wie man seine Aufmerksamkeit für die tatsächliche Gefahr durch den Berg oder durch andere Skifahrer schärfen kann. Jetzt wollen wir uns damit befassen, wie Sie die Aufmerksamkeit schärfen, um Verletzungen zu vermeiden.
Manche Menschen sind verletzungsanfälliger als andere und haben daher auch mehr Angst. So ist ein kerngesundes zehnjähriges Mädchen in einem Skianzug, der an den entscheidenden Stellen gepolstert ist, weniger anfällig als eine ältere Frau kurz nach einem Meniskusriss. Wenn Ihr Körper nach einer Verletzung oder Krankheit oder aus irgendeinem Grund empfindlicher ist als sonst, wäre es unsinnig, ihn stärker zu beanspruchen, als Ihre „Sicherheitszone" erlaubt.
Es wäre töricht zu glauben, Sie könnten sich nicht verletzen. Aber ebenso irrational ist es, die Wahrscheinlichkeit einer Verletzung nach einem Sturz zu übertreiben. Das geschieht jedoch sehr häufig. Zu einer realistischen Einschätzung verhilft Ihnen Erfahrung – Ihre eigene und die anderer Menschen.
Wenn Sie fallen, versuchen Sie herauszufinden, was passiert. Sie brauchen sich nicht mit Absicht fallen zu lassen, aber wenn es passiert, können Sie etwas daraus lernen. Wenn Sie stürzen, weil Sie zu schnell unterwegs waren, werden Sie beim nächsten Mal besser auf Ihre Geschwindigkeit achten. Wenn der Sturz nicht so schmerzhaft ist, wie Sie dachten, werden Sie lernen, dass nicht jeder Sturz furchtbar wehtun muss, und Sie haben weniger Angst. Anfänger erleben das

häufig: Vor lauter Angst zu fallen, verkrampfen sie sich und neigen sich zu weit nach hinten. Wenn sie dann ein paar Mal gestürzt sind, merken sie, dass es weniger schlimm ist, als sie befürchtet hatten. Sie haben weniger Angst, entspannen sich und stürzen seltener.
Ein ähnliches Beispiel habe ich am anderen Ende des Leistungsspektrums erlebt – bei Rennläufern. Es ging darum, in Schussfahrten Geschwindigkeitsrekorde zu brechen. Um den Luftwiderstand möglichst gering zu halten, benutzten die Fahrer spezielle Ausrüstungen, die Geschwindigkeiten von fast 200 km/h ermöglichten. Ein Fahrer stürzte schwer, ohne sich zu verletzen. Im Interview erzählte er später, dass er nach dem Sturz viel entspannter gefahren sei. Vor dem Lauf hatte er Angst vor dem gehabt, was passieren könnte, und sich verspannt. Nach dem Sturz hatte er gemerkt, dass „das Schlimmste" gar nicht so schrecklich war, und er konnte den nächsten Lauf ruhiger angehen.
Mit anderen Worten: Anfänger und Rennläufer müssen gleichermaßen durch Beispiele und Erfahrung lernen. Sonst macht man dieselben Fehler so lange, bis man seine Lektion gelernt hat.
Ich habe einmal einen Engländer namens Charles unterrichtet. Er hatte „Inner Game of Tennis" gelesen und war von dessen Ansatz begeistert gewesen. Wann immer er stürzte, lachte er und rief: „Nichts ist gut oder schlecht. Auch Hinfallen ist in Ordnung und kann sogar Spaß machen!"
Ich bemerkte, dass Charles umfiel, sobald er nur ein klein wenig aus dem Gleichgewicht geriet. Es war ein kalter Tag, und ich war es auf die Dauer leid, ihm jedes Mal aufstehen zu helfen und seine Skier wieder anzuschnallen. Als er dann wieder alle viere im Schnee von sich streckte und selig grinste, fragte ich ihn: „Wie geht es dir eigentlich da unten? Frierst du? Und wie lange brauchen wir eigentlich jedes Mal, um deine Skier wieder anzuschnallen?"
Charles hielt einen Moment inne, kontrollierte seinen Körper und seine Lage und meinte schließlich: „Also, eigentlich ist es verdammt kalt hier unten, und ich sollte doch eigentlich Ski

fahren, als dauernd meine Bindung wieder in Ordnung zu bringen." Danach stürzte er seltener.
Fallen ist Fallen, nicht mehr und nicht weniger. Wenn Fallen lustiger wäre als Stehen und Gehen, würden nur wenige Kinder Laufen lernen. Fallen *sollte* ein wenig unangenehm sein, warum sollten wir das Unbehagen dabei also leugnen? Schmerzhafte Stürze lehren uns, kein unnötiges Risiko einzugehen, legen das Maß unserer Schwäche fest und helfen uns, künftig intelligentere Entscheidungen zu treffen.
Viele Skifahrer fürchten den Schmerz mehr als die Verletzung. Der Schmerz eines Sturzes ist real, aber die Angst verstärkt ihn, er scheint häufig heftiger, als er tatsächlich ist. Wir müssen auch Schmerz als das empfinden, was er ist, um Wahrnehmungsverzerrungen zu vermeiden. Durch Schmerz sagt uns der Körper etwas, auf das wir achtgeben sollen, ohne es zu ignorieren oder zu übertreiben. Das Prinzip bleibt dasselbe: Erfahren Sie, was ist, seien Sie aufmerksam und lernen Sie.

ERINNERUNGEN AN ALTE VERLETZUNGEN

In meinem zweiten Skiwinter stürzte ich so schwer, dass die Bänder in meinem rechten Knie rissen. Es war ziemlich schmerzhaft. Viel schmerzhafter war die Schiene Gips, den ich einen Monat lang tragen musste.
Danach trainierte ich mit fast religiöser Andacht, bis mein Bein wieder so war wie vorher. Im darauffolgenden Frühjahr spielte ich Lacrosse, ein anstrengendes Ballspiel, bei dem ich viel laufen musste; im Sommer war ich Rettungsschwimmer und war permanent schwimmend oder rennend unterwegs. Mein Knie störte mich nie; ich würde sogar behaupten, ich habe keinen Moment an die Verletzung gedacht.
Doch als ich im nächsten Winter zum ersten Mal wieder die Skier anschnallte, sagte mir eine innere Stimme: „Vorsicht! Vielleicht ist dein Knie noch nicht stark genug, und du willst dich doch nicht wieder verletzen." Ich begann also ein wenig zögernd, verspannte mich, schonte mein rechtes Bein, indem ich es nicht voll belastete ... und stürzte folglich in jeder Linkskurve.

Erinnerungen an alte Verletzungen verstärken die Macht von Angst 1 und erzählen uns, dass das Schlimmste, was je passiert ist, wieder geschehen wird. Angst arbeitet mit Assoziationen: Wenn wir in einer bestimmten Situation schwer stürzen, haben wir Angst, sobald wir in einer nur annähernd ähnlichen Situation sind. Selbst wenn dann überhaupt keine Gefahr besteht – die Angst bleibt.

Erinnerungen sind Erinnerungen. Wenn es uns gelingt, unsere Aufmerksamkeit in der Gegenwart zu behalten, erkennen wir die Situation, wie sie ist, und können angemessen reagieren. Doch wenn wir zulassen, dass die Vergangenheit in die Zukunft projiziert wird, sehen wir Gespenster und verkrampfen uns. Wir reagieren auf unsere Einbildung, statt darauf, was gerade geschieht, und erhöhen damit die Gefahr einer erneuten Verletzung.

DIE ANGST VOR DEM VERSAGEN ÜBERWINDEN

Die meisten Menschen haben große Angst davor, zu wenig zu leisten und die Erwartungen, die sie an sich und andere an sie stellen, nicht zu erfüllen. Nicht die Tatsache, dass sie eine Aufgabe nicht erfüllen oder eine Vorgabe nicht erreichen, ist beängstigend, sondern die Möglichkeit, als Versager zu gelten: Selbst 1 fürchtet, das Gesicht zu verlieren.

Ein junger Mann, der besorgt war, niemals den Übergang vom Pflugbogen zum Parallelschwung zu schaffen, sagte mir: „Das Schlimmste, was passiert, wenn ich das nicht schaffe, ist, dass ich auf ewig blaue Abfahrten fahren muss."

„Wäre das so schlimm?"

„Nein, eigentlich nicht, die leichten Abfahrten machen mir nichts aus. Aber zu denken, dass ich auf Skiern ein Versager bin, das tut weh. Ich verliere meine Selbstachtung, wenn ich nicht besser werde."

Die meisten von uns wurden ihr Leben lang darauf getrimmt, dass unser Selbstwert mit unserer Leistung, speziell unserer Leistung im Sport, zusammenhängt. Wenn wir uns mit unserer Leistung identifizieren, glauben wir, dass wir so sind, wie wir Ski fahren. Wenn wir gut fahren, sind wir auch gut und verdienen Anerkennung, Liebe und Respekt. Wenn wir uns

blamieren, fürchten wir, die Liebe und den Respekt, die wir so dringend brauchen, zu verlieren.
Der Glaube, der Erfolg eines Menschen bestimme seinen Wert, ist in den Köpfen vieler Menschen fest verankert. Der einzige Weg, ihn zu überwinden, besteht meiner Meinung nach darin, dass wir den dahinterliegenden Mythos durchschauen. Der Wert eines Menschen ist nicht proportional zu dem, was er erreicht. Er kann einfach nicht in Talent, Position, Alter, Reichtum, Rollen, Besitztümern und Trophäen gemessen werden. Warum nicht? Weil der Wert eines Menschen jenseits aller Maßstäbe liegt. Jeder Mensch an sich ist unschätzbar und verdient allen Respekt und alle Liebe – nicht für etwas, das er oder sie getan oder erreicht hat, sondern einfach durch das Menschsein. Die Wahrheit dieser Aussage springt vielleicht nicht auf Anhieb ins Auge, doch je mehr Selbsterkenntnis man erlangt, desto klarer wird sie.
Karina ist eine psychologische Beraterin mittleren Alters. Nachdem sie einen Vormittag lang Ski gefahren war, war sie in Tränen aufgelöst und wollte nicht weitermachen. „Ich habe es noch nie geschafft, in einer Gruppe etwas zu lernen. Seit meiner Schulzeit versage ich jedes Mal, wenn ich etwas lernen soll und andere dabei sind. Ich habe schon viel erreicht, aber immer nur mit den Sachen, die ich mir allein angeeignet habe. Ich möchte wirklich gerne Skifahren lernen, aber ich habe solche Angst, weil ich weiß, dass ich es bestimmt nicht schaffe."
Es war klar, dass Karina eigentlich zwei Ziele erreichen wollte. Sie wollte Skifahren lernen und sie wollte ihre lebenslange Angst vor dem Lernen in Gruppen überwinden. Ich fragte, welches das größere Ziel sei, und sie antwortete, es gehe ihr vor allem um das Lernen in der Gruppe. „Wenn ich davor nicht so große Angst hätte, könnte ich sicher Skifahren lernen und auch noch viele andere Dinge."
Nach dieser Entscheidung ging es für Karina nur noch darum, dem Versagen ins Gesicht zu sehen und herauszufinden, woraus es eigentlich bestand. Wir besprachen in allen Einzelheiten, was das Schlimmste wäre, wenn sie nicht ler-

nen würde, Ski zu fahren. „Als du das letzte Mal versagt hast, wo hat es dir wehgetan? Was hat sich wirklich dadurch verändert? Und bedeutete dieses Versagen, dass du eine Versagerin bist? Bist du eine Frau, die nur dann etwas wert ist, wenn sie Erfolg hat, und die nicht liebenswert ist, wenn ihr etwas misslingt?" Karina freundete sich mit der Erkenntnis an, dass sie weder mit ihrem Erfolg noch mit ihrem Versagen identisch ist, sondern dass sie ein Mensch ist, der beides erlebt. Als sie die Möglichkeit, in der Skigruppe zu versagen, näher betrachtete, merkte sie, dass dies nur wenig beschämend wäre. Sie sah, dass Versagen eine Erfahrung war und Erfolg eine andere – Erfahrungen im Leben desjenigen, der diese Erfahrungen macht, mehr nicht.

Als wir auseinandergingen, freute sich Karina auf den Nachmittag. Sie wusste zwar noch nicht, ob es klappen würde, aber das war auch nicht mehr so wichtig. Sie war sich lediglich sicher, dass sie aus allem, was passieren würde, lernen konnte. Sie wollte wach sein und gerne mehr darüber lernen, was Erfolg oder Versagen tatsächlich bedeuten. Es schien, als erwache sie aus ihrem schrecklichsten Albtraum. Ihre Angst 1 wurde kleiner, und damit würde sie auch das Skifahren leichter lernen.

Wenn man die Angst vor dem Versagen überwinden will, liegt der Schlüssel dazu fast immer darin, die eigene Abhängigkeit von Ergebnissen aufzulösen. Wenn wir davon überzeugt sind, dass nur Ergebnisse zählen, geraten wir in einen Strudel aus Befürchtungen, die uns daran hindern, die gewünschten Ergebnisse zu erzielen. Wenn ein Tennisspieler denkt, er müsse den Aufschlag zurückspielen, um den Satzball abzuwehren, übernimmt die Anspannung das Ruder, und Geschmeidigkeit und Präzision gehen verloren. Das Gleiche gilt beim Skifahren, wenn wir einen Bogen fahren müssen. In einer ergebnisorientierten Umgebung ist es besonders schwer zu erkennen, dass es besser ist, vollkommen wach und aufmerksam zu sein, als sich nur um das gute Ergebnis zu bemühen. Höchstleistung ist ein Nebenprodukt unserer Aufmerksamkeit und unserer Bereitschaft,

Selbst 2 agieren zu lassen. Wenn wir uns zu sehr um das sorgen, was wir erreichen wollen, verkrampfen wir und werden weniger beweglich. Wahre Wettkämpfer wollen gewinnen und hassen es zu verlieren, aber sie haben niemals *Angst* zu verlieren.

Was bringt es uns, einen Parallelschwung zu lernen, wenn wir keinen Spaß daran haben und nichts daraus lernen, was unsere Lebensqualität verbessert? Wenn wir uns vom Gott des Erfolgs lossagen, befreien wir uns von der Angst zu versagen, und dann stellt sich auch der Erfolg wieder ein – was immer er bedeutet.

Nur Selbst 1 kann sich verletzt fühlen, wenn wir ein Ziel verfehlen. Selbst 2 profitiert weder vom Erfolg noch wird es durch unser Versagen verletzt. Je besser wir erkennen können, dass „Versagen" nur ein Wort ist und dass wir nicht unser Selbst 1 sind, desto weniger verletzbar und ängstlich sind wir. Das einzige Versagen besteht darin, nicht zu erkennen, das Sie mehr sind als Ihr Selbst 1.

Angst vor dem Erfolg

Eine weitere große Schwäche von Selbst 1 ist die Angst, die Kontrolle dadurch zu verlieren, dass es völlig in der Gegenwart aufgeht. In diesem Moment kann sich nämlich unser wahres Potenzial zeigen, und Selbst 1 wird von dem, was gerade geschieht, so sehr absorbiert, dass es aufhört zu denken, zu fürchten, zu zweifeln, zu instruieren, zu gratulieren oder zu analysieren. Der Verstand wird ganz ruhig und unsere Leistung wächst dank der erhöhten Aufmerksamkeit in unglaublichem Maße. Für Selbst 1 ist das ein kleiner Tod! Wenn alles vorbei ist, ist seine Überraschung groß: „Wow, das ist ja unglaublich! Bin ich *so* gefahren? Wie habe ich das gemacht?" Natürlich gefällt es Selbst 1, auf diese Weise Ski zu fahren, aber die Tatsache, dass dies ganz ohne sein Zutun geschehen ist, stört es gewaltig. Was würde geschehen, wenn dem Skifahrer klar würde, dass er Selbst 1 überhaupt nicht braucht – weder zum Skifahren noch für irgendetwas anderes?

Selbst 1 gerät jedes Mal in ein Dilemma, wenn wir so viel leisten, wie wir erwarten – oder gar mehr. Es wünscht sich Spitzenleistungen, aber es will sich nicht selbst aufgeben. Die Entscheidung ist schwer, und in der Regel entscheidet sich Selbst 1 dafür zu überleben, auch wenn das auf Kosten der Leistung geht. Tim bringt dafür oft ein Beispiel aus dem Tennis – er nennt das den „Dreimal-Spieler". Das sind Spieler, die sich bei einem Spiel, sobald der Ball drei Mal über das Netz gegangen ist, sagen: „Wow, das ist aber ein langer Ballwechsel." Und kaum hat der Spieler bewusst wahrgenommen, wie gut er spielt, kommen Befürchtungen auf – und schon ist der „lange Ballwechsel" beendet.
Skifahrer erleben genau dieselben Selbstzweifel, wenn sie auf einmal besser fahren, als sie erwartet hatten. Selbstzweifel entspringen der Angst des Selbst 1 vor Erfolg. Wenn Selbst 1 sich für kurze Zeit der Führung von Selbst 2 ausgeliefert hat und „wie im Rausch" Ski gefahren ist, drängt es sich wieder an die Oberfläche und tut alles, um zu verhindern, dass unser wahres Potenzial sich zeigt. Nur wenigen von uns gelingt es, über längere Zeit Höchstleistungen zu erbringen, ohne dass Selbst 1 sich einmischt und bewundert, gratuliert, Lorbeeren einheimst oder irgendetwas tut, das uns von der tatsächlichen Erfahrung abspaltet. Es ist, als würde Selbst 1 zu Selbst 2 sagen: „Okay, du hast deinen Spaß gehabt, aber jetzt schmeiße ich den Laden wieder."
Nach der ersten Begeisterung und den inneren Lobeshymnen versucht Selbst 1 dann, diese tolle Leistung zu wiederholen – natürlich unter seiner Regie. Es beginnt, darüber nachzudenken, was geschehen ist, und versucht, genau das zu wiederholen: „Donnerwetter, ich bin wirklich gefahren wie im Rausch ... das war toll ... ich glaube, ich habe wirklich losgelassen und bin aggressiver gefahren ... Ich bleibe jetzt einfach aggressiv ... okay, in die Knie, Gewicht auf den Ski, Gewicht auf den anderen, in die Kurve lehnen, los." Natürlich erlebt Selbst 1 mit all diesen Gedanken und dieser Anstrengung nicht dasselbe wie vorher, aber es hat die Zügel wieder in der Hand und fühlt sich prächtig. Selbst 1 ist darauf

programmiert, die Schönheit seinem Wunsch nach Kontrolle, das Außergewöhnliche dem Bekannten zu opfern.
Es ist ein große Herausforderung, Selbst 1 die Kontrolle zu nehmen und sie an Selbst 2 zu übergeben. Doch wenn Sie einmal dieses Gefühl der Freiheit erlebt haben, weil Sie Ihre bewussten Kontrollversuche aufgegeben und sich ganz Ihrem Selbst 2 anvertraut haben, werden Sie es immer wieder tun wollen. Es gibt nichts Schöneres als Selbst 2 in Aktion – und wir wissen es. Wir wissen es aus verschiedenen Momenten der Leistungsdurchbrüche, wenn wir das bewusste Denken abgestellt und uns ganz der natürlichen Kontrolle von Selbst 2 hingegeben haben. Doch wer hat genug Mut, sein Selbst 1 im Stich zu lassen? Die gute Nachricht ist, dass Sie es Schritt für Schritt lernen können. Und je mehr Sie Ihrem Selbst 2 vertrauen können, desto kleiner wird auch die Angst vor dem Erfolg.

ANGST VOR DER ANGST

Wenn ein Skifahrer erst einmal in seiner Angst 1 gefangen ist, kann er seine Aufmerksamkeit nicht mehr auf die Piste richten. Die körperlichen Symptome der Angst können so überwältigend sein, dass Sie schließlich Angst vor der Angst haben: „Ich weiß, dass ich niemals hier runterkomme, wenn ich so sehr in Panik bin." In solchen Fällen lässt sich die Einbildung abschwächen, indem man sich auf die Symptome der Angst konzentriert.
Wie stark diese Aufmerksamkeit wirkt, zeigte sich in einem Programm, das Tim und ich mit dreihundert Skifahrern durchführten. Tim wollte seine Aussage mit einem Beispiel untermauern und fragte, wer im Publikum Angst habe, auf die Bühne zu kommen und ins Publikum zu schauen. Etwa hundert Teilnehmer meldeten sich. Tim fragte dann: „Wer von denen, die sich gemeldet haben, würde denn trotz seiner Angst kommen, wenn ich darum bäte?" Es meldeten sich ungefähr zwei Drittel. „Und gibt es unter denen, die nicht kommen würden, eine oder zwei, die es allenfalls für ein Experiment versuchen würden?" Eine einzige Hand hob sich langsam, und Tim ermunterte eine junge, leicht übergewich-

tige Frau, auf die Bühne zu kommen. Als sie oben war, schaute sich nicht ins Publikum, sondern stand seitlich, Tim zugewandt. Der fragte sie nach ihrem Namen und wie sie sich fühlte. „Barbara, und ich habe Todesangst", antwortete sie errötend und mit einem nervösen Lachen.

„Wovor?", fragte Tim.

„Ich weiß es nicht, ich weiß nur, dass ich Angst habe." Offensichtlich nahm sie ihre Angst stärker wahr als das Publikum.

„Woher weißt du, dass du Angst hast?"

Barbara sah überrascht aus. „Weil ich sie fühle."

„Wo in deinem Körper fühlst du denn die Angst?"

„Nun, mein Herz klopft, mein Gesicht ist heiß und vor allem zittern meine Knie."

„Zittern sie jetzt, in diesem Moment?", fragte Tim.

„Ja."

„Tut das weh?"

„Nein, aber ich würde mir wünschen, sie würden sich etwas beruhigen."

„Wenn du das stärkste Zittern, das du dir vorstellen kannst, mit zehn bewerten würdest und ganz ruhige Knie mit null – wie stark zittern deine Knie jetzt?"

„Ungefähr neun", sagte Barbara, aber ihre Stimme klang schon viel ruhiger als vorher.

Tim fragte sie, ob ihr Herz immer noch so stark klopfe und ob ihr Gesicht noch so heiß sei. Danach sollte sie sich wieder auf ihre Knie konzentrieren.

„Oh, jetzt ist das Zittern nur noch bei fünf", sagte Barbara überrascht.

„Gut", sagte Tim, „was passiert denn, wenn du dich zum Publikum drehst?"

Barbara drehte sich um und schaute mit leerem Blick in ein Meer von Gesichtern. „Oje, jetzt sind sie wieder auf zehn."

„Okay, schau einfach weiter da hinaus und konzentriere dich auf deine Knie", bat Tim.

Nach kurzer Zeit war das Zittern nur noch bei vier oder fünf – und das, obwohl Barbara die ganze Zeit ins Publikum schaute.

„Wohin kannst du am einfachsten schauen?", fragte Tim.
Barbara starrte auf die Rückwand des Saals und erklärte, das Zittern sei jetzt nur bei zwei. Tim fragte sie, wie weit sie in die vorderen Reihen schauen könne, ohne dass das Zittern stärker würde. Barbaras Blick wanderte durch die Reihen nach vorn und stoppte etwa in der Mitte des Saals. „Ungefähr bis auf die Hälfte", erklärte sie und man konnte an ihrer Stimme hören, dass sie sich inzwischen ganz und gar auf das Experiment konzentrierte.
„Was siehst du dort, das deine Knie stärker zittern lässt?", fragte Tim.
„Da sind ein paar Leute, die nicht lächeln", antwortete Barbara und fing an zu lachen.
„Zeig auf die Leute, die nicht lächeln", schlug Tim vor.
Als Barbara die Hand ausstreckte, lachten alle. Und Barbara lachte mit.
„Jetzt schau auf die ersten vier Reihen."
„Oh, ich bin wieder bei vier."
„Schau die einzelnen Personen auf ihren Plätzen an."
Einige winkten ihr zu, und Barbara begann wieder zu lachen. „Es geht mir prima", sagte sie. „Meine Angst ist beinahe verschwunden."
Barbara blieb auf der Bühne, während Tim seine Ausführungen über Angst fortsetzte. Angst sei wie Schmerz, meinte er, an sich nichts Schlimmes, nur eine Meldung des Körpers, dass etwas nicht in Ordnung sei. Angst 2 zeige, dass es in diesem Augenblick eine echte Gefahr gäbe und dass erhöhte Aufmerksamkeit nötig wäre, während Angst 1 anzeige, dass wir uns eine unwirkliche Angst einbildeten. Doch auch Angst 1 riefe nach erhöhter Aufmerksamkeit; sie zeige, dass wir uns aus vorgefassten Denkstrukturen lösen und uns dem zuwenden sollten, was tatsächlich *sei*. Wenn wir das anerkennen würden, wären beide Ängste nützliche Messinstrumente.
Die Zuhörer stellten Fragen und schließlich wollte jemand etwas über das Experiment mit Barbara wissen. Tim zögerte, als denke er über die richtige Antwort nach, dann wandte er

sich zu Barbara und bat sie zu antworten. Zu jedermanns Überraschung antwortete Barbara flüssig, verständlich, sicher, ruhig und ohne zu zögern. Mit dem Verschwinden von Angst 1 hatte sie sich in eine ganz andere Person verwandelt. Der Unterschied war so deutlich, dass einige Leute glaubten, wir hätten das Experiment im Vorfeld gemeinsam geplant. Barbara jedoch wusste, dass das nicht der Fall war. In der nächsten Pause erzählte sie uns, dies sei eine der wichtigsten Erfahrungen ihres Lebens gewesen.

Aufmerksamkeit kann sich ohne Angst auf die Angst fokussieren. Wenn wir uns mit der Angst identifizieren, werden wir noch ängstlicher; wenn wir uns mit der Aufmerksamkeit identifizieren, stellen wir fest, dass wir die Person sind, die die Angst anschaut. Aufmerksamkeit ist der Teil von uns, der immer ruhig bleibt; sie ist ein sicherer Rückzugsort, wenn Angst 1 angreift.

Solange wir glauben, wir seien identisch mit unserer Angst, mit unserer Freude, mit unserem Können, solange werden wir gefangen bleiben und nichts verändern können. Frei sein können wir nur, wenn wir Sokrates' Rat folgen: „Erkenne dich selbst." Castanedas Lehrer, Don Juan, nannte diejenigen, die sich selbst erkennen, „Männer und Frauen des Wissens", und dieses innere Wissen ist tatsächlich das Endziel jedes Inner Game, ob es nun Tennis, Ski, Golf oder Leben heißt.

5 LERNEN HEISST ENTWICKELN

Aus welchem Grund auch immer jemand Ski fährt, aus Freude, wegen der Gesundheit oder um andere Menschen zu treffen, fast jeder ist enttäuscht, wenn er nach einer Woche im Schnee nicht besser fährt als vorher. Der Wunsch, schneller und sicherer über immer schwierigere Pisten abzufahren, ist ganz natürlich.

Alle Lebewesen auf der Welt haben den Wunsch, ihr Potenzial voll zum Ausdruck zu bringen. Ein Jungvogel hat zum Beispiel das Potenzial zu fliegen, und er macht dabei einfach und stetig Fortschritte. Um sich zu verbessern, braucht er nur Zeit, Erfahrung und ein wenig Anleitung durch seine Eltern. Er stellt keine Fragen und fliegt trotzdem immer besser; er lernt, mit dem Luftstrom aufzusteigen, zu wenden, zu gleiten und auch nach einem Sturzflug sicher zu landen. Dass er dabei Fortschritte macht, steht keinen Augenblick infrage; es gibt keinen Druck, keinen Zwang, keine Minderwertigkeitskomplexe, kein aufgeblasenes Ego – und merkwürdigerweise auch keinen Mangel an Koordination.

Wenn wir hingegen Menschen beobachten, die sich um Fortschritte bemühen, sehen wir all das: Druck, Zwang, Minderwertigkeitskomplexe, aufgeblasenes Ego ... und natürlich den Mangel an Koordination. Warum ist Lernfortschritt für einen Vogel so einfach und für Menschen so frustrierend und schwierig? Warum strengen sich Menschen so furchtbar an, während alle anderen Wesen sich mühelos verbessern?

Fritz Pearls, der Vater der Gestalttherapie, formulierte die Erkenntnis, dass Menschen als einzige Lebewesen die Fähigkeit besitzen, ihr eigenes Wachstum zu stören. Der Mensch tendiert dazu, natürliche Entwicklungsprozesse zu blockieren, indem er an seinem Potenzial zweifelt. Er glaubt, wenn er etwas nicht sofort kann, dann liegt das nur daran, dass ihm das Potenzial dazu fehlt. Und er schlussfolgert daraus, dass Lernen bedeutet, etwas von außen *hinzuzufügen*, das er noch nicht besitzt, etwas *werden*, das er noch nicht ist – statt es aus sich selbst heraus zu entwickeln. „Ich bin kein guter Skifahrer", sagt er sich selbst. „Um das zu werden, muss ich Fähigkeiten erwerben, die noch nicht in mir stecken."

Tatsächlich ist Fortschritt der natürliche Weg, um etwas ans Tageslicht zu bringen, das in uns steckt. Ein Vogel, der seine Flugtechnik verbessert, tut nichts anderes, als das Potenzial zu manifestieren, das er besaß, noch bevor er aus dem Ei geschlüpft ist. Ebenso ist es mit einer Eichel: Natürlich braucht sie Wasser, Erde und Sonne, und ein Vogel braucht Vorbilder und Erfahrung, doch beide wachsen, indem sich ihr vorhandenes Potenzial natürlich entwickelt.

Auf den ersten Blick scheint der Unterschied zwischen „Lernen heißt ergänzen" und „Lernen heißt entwickeln" unklar, doch die unterschiedlichen Auswirkungen sind umso deutlicher. Lernen im Sinn von Erlaubnis für das eigene Potenzial, sich natürlich zu entwickeln, ist entspannt, angenehm und auffallend stetig. Lernen als Versuch, eine Fähigkeit oder Eigenschaft zu erwerben, von der man glaubt, sie nicht zu besitzen, ist in der Regel frustrierend und nicht immer von Erfolg gekrönt. Nur weil wir Menschen diese seltsame Fähigkeit, den eigenen Fortschritt zu behindern, so häufig nutzen, finden wir „besser werden" so schwierig – und Skifahrer erleben dies als ganz besondere Herausforderung.

LERNEN – SO ODER SO

Weil Menschen immer wieder ihr eigenes Wachstum behindern, schwankt ihre Leistung stark und bleibt oft hinter ihren tatsächlichen Fähigkeiten zurück. Alle Sportler leiden darunter, dass sie an einem Tag brillieren und am nächsten versagen können. Wie gut jemand an einem Tag X Ski fährt, ist die Differenz zwischen seinen augenblicklichen Fähigkeiten und dem Ausmaß des Störfeuers durch sein Selbst 1. Diese

Störungen sind direkt proportional zur Leistungseinbuße. Wenn Selbst 1 sich nicht einmischt, erbringt man jederzeit persönliche Bestleistungen. Jeder Lernschritt bringt uns neue Erfahrungen und stimuliert dadurch das weitere Wachstum.
In diesem Sinne gibt es tatsächlich zwei Arten von Lernen beim Menschen. Die erste zielt darauf ab, dass wir unser vorhandenes Potenzial immer besser abrufen können, die zweite führt dazu, neue Fähigkeiten zu erwerben.
In diesem Kapitel geht es um die erste Variante: Wie erkennen wir, was uns daran hindert, so gut Ski zu fahren, wie wir wirklich können? Und was hilft uns, diese Hindernisse zu überwinden? Im nächsten Kapitel 6 befassen wir uns mit der Frage, wie muss Lernen sein, damit wir uns auch ganz neue Fähigkeiten aneignen können.

RAUSLASSEN, WAS IN UNS STECKT

Getrieben von dem Wunsch, sich schneller zu verbessern, übersehen oder vernachlässigen viele Skifahrer die Möglichkeit, auf ihrem vorhandenen Potenzial aufzubauen und es zu erweitern. Sie glauben, dass sie sich nicht schnell genug weiterentwickeln, wenn sie nicht ständig etwas Neues lernen oder üben. Aber das ist nicht unbedingt richtig, denn die mentalen Faktoren, die jemanden daran hindern, so gut Ski zu fahren, wie er könnte, sind die gleichen, die es einem schwer machen, Neues zu erlernen. Bevor Sie die trübe Glühbirne in Ihrem Keller auswechseln, könnten Sie probieren, wie viel Licht die Birne gibt, wenn Sie den Staub abwischen. Ebenso sinnvoll ist es beim Skifahren, zunächst einmal die Zweifel und Ängste von Selbst 1 wegzufegen, die uns hindern, als Skifahrer zu glänzen.
Stellen wir uns einen Skifahrer vor, der sich selbst für unbegabt hält und wenig Vertrauen in seine Fähigkeiten hat. Weil das, was sein Selbst 1 glaubt, sein Handeln beeinflusst, schlägt sich sein Mangel an Selbstvertrauen auch in seiner Leistung nieder. Er lehnt sich zum Berg, fährt mit durchgestreckten Knien und setzt die Stöcke falsch ein, weil er sie zu krampfhaft festhält. Wenn er jedes dieser Probleme für

sich angeht, ist die Skisaison vorüber, bevor sich auch sein Selbstbild verbessert hat. Wenn er dagegen alle Probleme auf einmal lösen will, ist sein Gehirn durch die vielen Anweisungen überlastet, und er fährt nur noch schlechter. Die Probleme einzeln nacheinander zu lösen, wirft neue Probleme auf: Angenommen, er entscheidet sich, sich nicht mehr zum Berg, sondern nach vorn zu beugen. Dazu muss er sich aber zwingen, denn er hat Angst davor. Dieser Druck erzeugt erst recht eine verkrampfte, steife Körperhaltung. Selbst wenn er es schafft, den Körper nach vorn zu beugen, sind seine Zähne fest zusammengebissen und seine Schultern sind noch steifer als gewöhnlich. Vielleicht erfindet er sogar neue Körperhaltungen, die seine Selbstzweifel ausdrücken. Wer den Körper zu etwas zwingt, was der Geist nicht will, erlebt Frust und verliert noch mehr Zeit.

Wenn dieser Skifahrer jedoch einige seiner Selbstzweifel überwindet, dann verschwinden automatisch auch die Fehler, die daraus entstanden sind. Mit gesteigertem Selbstvertrauen kann der Sportler sich nun leichter nach vorn lehnen und in der Kurve den Außenski belasten. Seine Schultern, Arme und Knie sind entspannt, und damit verbessert sich automatisch der Stockeinsatz. Wenn man nur ein einziges mentales Hindernis entfernt, verschwinden etliche Haltungsfehler wie von selbst. Damit gewinnt der Skifahrer mehr Vertrauen in seine Fähigkeiten, und das wiederum senkt die Hürde, Neues zu lernen. Möglicherweise wird er sogar feststellen, dass er das, was er für eine neue Fähigkeit gehalten hatte, längst konnte.

WENN DAS SELBSTBILD UNSERE ENTWICKLUNG BEHINDERT

Die größte Hürde für jede Art von Entwicklung ist das, was wir über uns selbst denken und glauben. Wenn ich überzeugt bin, schlecht Ski zu fahren, setze ich meinem Können automatisch Grenzen. Wenn ich glaube, dass ich den Parallelschwung nie beherrschen werde, ist die Wahrscheinlichkeit groß, dass das eintrifft. Wenn ich die Idee nähre, ein mittelmäßiger Skifahrer zu sein, wird es länger dauern, bis ich gut bin. Diese Glaubenssätze sind wie einfache Programme, mit

denen Sie einen Supercomputer füttern: Obwohl der Computer in der Lage ist, komplexe Aufgaben zu lösen, erlaubt ihm die Software nur die einfachsten Operationen.
Selbst 2 ist wie ein solcher Supercomputer: Er nimmt Unmengen von Daten aufgrund von Erfahrungen auf, legt sie in Datenbanken ab und benutzt sie bei Bedarf, um Bewegungen zu verfeinern und Neues zu lernen. Wenn Sie einen Computer haben, der in der Lage ist, jede erdenkliche Quadratwurzel zu ziehen, aber nur die Zahlen von eins bis hundert eingeben, wird er ihnen nicht verraten, wie die Wurzel aus 1938 lautet. Ein einfaches Programm löscht zwar nicht den Speicher des Computers, sodass er seine Fähigkeiten vergisst, aber es hindert ihn daran, sein volles Potenzial zu zeigen.
Selbst 1 schränkt Selbst 2 in genau derselben Weise ein. Seine negativen Glaubenssätze können zwar das Potenzial von Selbst 2 nicht schmälern, aber sie behindern die Umsetzung. Selbst 1 kann Selbst 2 nicht daran hindern, einen Parallelschwung zu beherrschen, wenn es das einmal gelernt hat. Aber es kann verhindern, dass Selbst 2 einen Parallelschwung durchführt. Ähnlich ist es, wenn wir Selbst 2 dauernd mit der Idee füttern, es könne nicht Autofahren und Einparken sei ohnehin etwas, das seine Fähigkeiten weit übersteige: In dem Maß, wie Selbst 2 diese Idee akzeptiert, verliert es seine Fähigkeit, Abmessungen und Geschwindigkeit unseres Autos einzuschätzen und umso häufiger sind Lackkratzer und Beulen. Mit der Neigung von Selbst 1, Selbst 2 mit solchen limitierenden Vorstellungen zu belegen, behindern Menschen ihre persönliche Entwicklung nachhaltig.
Das heißt umgekehrt jedoch nicht, dass Sie perfekt Ski fahren können, wenn Sie ihrem Selbst 2 kontinuierlich einflüstern, es sei ein toller Skifahrer. Dem Computer zu sagen, er sei ein fantastischer Mathematiker, bringt ihn nicht dazu, komplexe Gleichungen zu lösen. Das ist die Falle des sogenannten positiven Denkens. Selbst 2 kann keine Aufgabe lösen, nur weil Sie ihm erzählen, es könne das. Selbst 2 kann die Aufgabe nur lösen, wenn es sich ausreichend entwickelt und die entsprechenden Erfahrungen gesammelt hat. Es

braucht die notwendigen Informationen dazu in seiner Datenbank. Man kann den menschlichen Computer zwar mit positiven oder negativen Denkmustern programmieren, aber diese verändern seine eigentliche Kapazität nicht. Wenn Sie sich selbst einreden, Sie seien ein exzellenter Skifahrer, obwohl Sie Anfänger sind, schadet das eher, als dass es nützt. Statt sich selbst mit positiven Programmen zu füttern, die Sie vermutlich selbst nicht glauben, um negative Programme, die Sie wahrscheinlich glauben, zu ersetzen, fokussieren Sie sich besser darauf, einschränkende Denkmuster auszuschalten. Es ist beeindruckend, wie sehr ein Selbstkonzept die Fähigkeit, Ski zu fahren, einschränken kann – und wie die Leistung steigt, sobald dieses Konzept ausgeschaltet wurde.

HARRIET LÄSST LOS

Ich erinnere mich lebhaft an eine Teilnehmerin eines Kurses für leicht fortgeschrittene Skifahrer. Harriet war Ende dreißig und beklagte sich im Lift, dass sie seit acht Jahren nicht über ihr mittelmäßiges Leistungsniveau hinaus gekommen war. Jetzt hoffte sie, dass Inner Game Ski sie weiterbringen würde.

Mein erster Eindruck von Harriet war, dass sie stets bestrebt war zu tun, was alle Welt von ihr erwartete. Ihre Kleidung und ihr Make-up verrieten eine geradezu übergewissenhafte Detailversessenheit. Sie hatte eine fröhliche, aber kaum hörbare Stimme, und ihre Sprache war so präzise wie ihr Pagenschnitt. Ihr Fahrstil passte zu ihrer Persönlichkeit: Sie sah gut aus und hatte keine auffälligen Schwächen, aber sie war übervorsichtig. Jede Kurve zeigte, dass sie die Technik stundenlang geübt hatte, aber ihr fehlten Rhythmus, Flüssigkeit und Aggressivität. Jede Bewegung war bewusst und kontrolliert, und sie fuhr längst nicht so schnell, wie sie mit ihrer Technik hätte fahren können.

Am Ende der Piste schüttelte sie selbstkritisch den Kopf, und ich fragte sie: „Was ist denn los?"

„Also, ehrlich gesagt, ich weiß es nicht. Ich weiß, dass ich in Form bin, ich habe schließlich hart genug trainiert. Aber ich bin nicht zufrieden mit mir. Ich sollte eigentlich viel schwie-

rigere Abfahrten bewältigen können, aber ich habe das Gefühl, ich bin immer noch nicht gut genug. Manchmal glaube ich, ich bleibe bis an mein Lebensende mittelmäßig."
Ich griff zu einem Inner Game Tool, das sich schon oft bewährt hatte, wenn es darum ging, dass ein Skischüler sein einschränkendes Selbstbild aufgeben sollte. „Harriet, wie würdest du denn gerne Ski fahren?", fragte ich. „Kannst du mir irgendwie eine Vorstellung vermitteln, wie gut du gerne wärst?"
„Also, ich glaube, ich würde ..."
„Nein, nicht in Worten. Zeig es mir", unterbrach ich sie. „Zeig mir jetzt und hier, was du willst. Denk nicht drüber nach, tu es einfach."
Harriet fuhr los, auf derselben mittelschweren Piste, fünfzig oder hundert Meter abwärts. Sie fuhr ganz anders als beim ersten Mal. Ihre sorgfältige Kontrolle der Bewegungen hatte einem Feuerwerk von Spontanität und Kraft Platz gemacht.
„War das etwas mehr von dem, was du eigentlich können willst?", fragte ich, als ich neben ihr anhielt.
„Ja, ungefähr so. Ich weiß nicht genau, was es war, aber es hat sich definitiv anders angefühlt. Und es hat Spaß gemacht." Harriet klang aufgeregt.
„Es sah aus, als seiest du aggressiver gefahren", sagte ich beiläufig.
„Wirklich?", sagte sie verlegen. „Aber ich bin doch gar nicht aggressiv."
„Könntest du mir zeigen, wie du fahren würdest, wenn du aggressiv wärst?"
Harriet zögerte einen Moment, fuhr dann hundert Meter weiter – und versetzte mich und den Rest der Gruppe in Erstaunen. Statt wie bisher weit auszuholen und fast die ganze Piste für ihre Kurven zu nutzen, fuhr sie jetzt fast genau die Falllinie entlang, mit kleinen scharfen Kurven, schneller und schneller. Sie attackierte die Piste mit viel Knie- und Kanteneinsatz. Natürlich sah das nicht mehr so elegant aus wie vorher, als sie jetzt die Stöcke wuchtig einsetzte und sich ohne Rücksicht auf das Risiko nach vorn

lehnte, aber gemessen an der Schwierigkeit des Geländes hatte sich ihre Fahrweise deutlich verbessert.
„Das würde für dich also aggressives Fahren bedeuten?", fragte ich.
„Ich hätte nie gedacht, dass ich das kann", rief sie geradezu überwältigt. „Das war toll, aber ich glaube nicht, dass das immer geht. Das war einfach nicht ich."
Harriet sah sich einem bekannten Dilemma des Inner Game gegenüber. Sollte sie dem Bild glauben, das sie von sich selbst hatte, oder dem vertrauen, was gerade geschehen war? Konnte das einmalige Erlebnis ihrer Aggressivität die lebenslange Anstrengungen, es allen recht zu machen, ersetzen? Vielleicht fragte sie sich: „Kann ich auch in Zukunft so aggressiv sein? Warum habe ich mir bis jetzt nie erlaubt, so zu fahren?" Sie stand vor einer schwierigen Entscheidung: die Sicherheit ihres bisherigen, sorgfältig begrenzten Selbstbildes gegen das Risiko des neuen Gefühls für ihr weites, wahres Selbst. Sie musste entscheiden, ob sie Fortschritte machen und damit ihr bisheriges Selbstbild zerstören wollte.
Die Gruppe war vor allem darüber verblüfft, dass Harriets Fahrstil mit einem Schlag so viel besser geworden war. Ohne eine einzige technische Anweisung hatten sich sowohl ihre Technik als auch der Rhythmus und der Fluss ihrer Bewegungen verbessert. Es war klar, dass sie die Fähigkeit, so zu fahren, schon die ganze Zeit besessen hatte. Diese Fähigkeiten wurden dadurch freigesetzt, dass sie ihre selbst auferlegten Beschränkungen – vielleicht nur für kurze Zeit – ignoriert hatte. Sie hatte sich selbst immer für nicht aggressiv gehalten und war deshalb nicht aggressiv gefahren. Aber sie hatte sich nie darauf programmiert, dass sie niemandem zeigen könne, wie aggressives Skifahren aussieht. Deshalb konnte sie es und deshalb konnte sie so fahren, wie es ihrem Können und ihrer Persönlichkeit entsprach.
Am nächsten Tag berichtete Harriet triumphierend, dass sie zum ersten Mal eine schwierige Abfahrt gemeistert hatte – die sie aufgrund ihres Könnens schon längst hätte schaffen können – und dass es ihr riesigen Spaß gemacht hatte.

Was sind Ihre Glaubenssätze in Bezug auf Ihr Skifahren? Es gibt ein paar weitverbreitete: „Ich bin nicht besonders koordiniert. Ich bin nicht aggressiv genug. Ich kann nicht direkt fahren, geschweige denn über Buckel. Ich kann keinen Parallelschwung. Ich bin Anfänger." Denken Sie bitte einen Moment nach. Haben Sie je etwas erlebt, das diesem Glaubenssatz widerspricht? Wenn es Ihnen so geht wie den meisten Skifahrern, dann gab es wenigstens ein paar Abfahrten in Ihrem Leben, die diesem Selbstbild widersprechen.
Wem glauben Sie jetzt – Ihrer Erfahrung, die zeigt, dass Sie mehr können, oder Ihrem Selbstbild? Sie können diesen Widerspruch auflösen, indem Sie die guten Erfahrungen Ihrem Glück, dem Schicksal oder den neu geschliffenen Kanten zuschreiben. Damit sind Sie gegen Enttäuschung und Frustration gefeit, aber leider auch gegen Weiterentwicklung. Ihre Alternative ist zu erkennen, dass Sie zu mehr in der Lage sind, als Sie je dachten; und Ihre wahre Herausforderung ist es, alles über Bord zu werfen, was Sie daran hindert, Ihr Potenzial zu verwirklichen. Das ist beängstigend. Aber es lohnt sich!

WIE EIN SELBSTBILD ENTSTEHT

Unsere Neigung, uns ein einschränkendes Selbstbild zu „bauen", ist so stark, dass wir meist gar nicht merken, was wir tun. Der Prozess beginnt ganz unmerklich, indem wir uns mit unserer Leistung identifizieren. Ein Beispiel dafür ist John: Er möchte so gern gut Ski fahren und macht sich gerade zur ersten Abfahrt des Tages bereit. Bisher hatte er gute und schlechte Tage erlebt, aber er ist sich seiner eigenen Fähigkeiten nicht ganz sicher und nun ist er ein bisschen nervös beim Gedanken an das, was ihn heute erwartet. Wenn seine ersten Kurven ein wenig unbeholfen sind, sagt er sich vielleicht: „Diese Abfahrt wird nichts." Das trifft mit Sicherheit ein, und wenn er unten ankommt, ist er überzeugt davon, dass der ganze Tag ein Reinfall wird. Bei der nächsten Abfahrt merkt er, dass er den Oberkörper zu stark bewegt – ein Fehler, den er doch schon in der letzten Saison ausgemerzt hatte. Jetzt denkt er: „Ich bin total außer Form.

Hoffentlich guckt niemand." Ein paar entmutigende Stürze später, ist sein einziger Gedanke: „Ich kann ums Verrecken keine Buckel fahren." Und am Ende kommt er zu dem verzweifelten Schluss, dass er ein so schlechter Skifahrer ist, dass er den Sport besser an den Nagel hängt.

Innerhalb weniger Minuten hat John nur durch seine Glaubenssätze definiert, dass er

(1) eine schlechte Abfahrt und danach einen schlechten Skitag haben wird,

(2) ganz und gar nicht in Form ist,

(3) keine Buckel fahren kann und

(4) nie ein guter Skifahrer wird.

Nachdem John sich also einen schlechten Skitag programmiert hat, hat er sich Schritt für Schritt auch noch ein negatives Selbstbild programmiert. Wenn er denkt, er sei in schlechter Form, identifiziert er sich mit etwas, was er besitzt – seiner Form. Indem er die Formulierung „ich kann nicht" benutzt, schränkt er sein Potenzial ein. „Ich kann" und „ich kann nicht" gehören zu den kraftvollsten Ausdrücken, mit denen wir uns selbst definieren. Die stärksten Grenzen setzen uns jedoch all jene Sätze, die mit „Ich bin" und „Ich bin nicht" anfangen. Wenn jemand glaubt, er sei ein schlechter Skifahrer, wird er sich niemals erlauben, gut in Form zu sein, Buckelpisten zu bewältigen oder so Ski zu fahren, wie er es eigentlich könnte.

Selbst 1 entwirft ein Bild von uns, das wir schließlich als unsere Identität annehmen. Aus einigen schlechten Skitagen schließen wir, dass wir nicht nur mäßige Skifahrer, sondern generell unbegabt und unkoordiniert sind. Wenn wir ins Büro zurückkehren und auch dort ein paar frustrierende Tage erleben, weiten wir das Bild ganz schnell auf sämtliche Aktivitäten aus: Wir sind inkompetent. Von dort ist es nur ein kleiner Schritt zur vermeintlichen Erkenntnis: „Ich bin ein schlechter Mensch."

Wie hätte John aufhören können, dieses negative Selbstbild aufzubauen? Nicht, indem er versucht hätte, ein positives Selbstbild zu generieren, sondern *indem er sich überhaupt kein Bild von sich selbst gemacht hätte.* Nach drei schlechten Kurven hätte er einfach feststellen können: „Hey, das hat sich jetzt aber ziemlich steifbeinig angefühlt." Damit hätte er einfach beschrieben, was gerade geschehen ist. Nach einem Sturz an einer Bodenwelle hätte er sich sagen können: „Heute bin noch nicht gut über eine Bodenwelle gefahren." Damit hätte er offen gelassen, ob er grundsätzlich mit Bodenwellen zurechtkommt oder nicht; er hätte sich mit diesem Satz sogar anspornen können, es besser zu machen.

Was gewinnt John dadurch, dass er glaubt, der Skitag würde eine Pleite werden und er wäre ein nur mäßiger Skifahrer? Er gewinnt die Sicherheit, voraussagen zu können, was passiert, und schützt sich damit vor Enttäuschungen. So kann er am Abend wenigstens sagen: „Ich habe ja gewusst, dass das ein schlechter Tag wird." Und wenn jemand sieht, wie er stürzt, braucht ihm das nicht peinlich zu sein, denn er kann denken: „Ich bin eben ein lausiger Skifahrer, na und!" Er gewinnt das tröstende Gefühl, dass die Zukunft und seine eigene Entwicklung vorhersagbar sind – doch das geht auf Kosten seines Fortschritts beim Skifahren.

John steht mit seinem Fehler nicht allein da: Die meisten von uns tendieren dazu, sich mit ihrer Leistung zu identifizieren. Wenn ich schlecht Ski fahre, neige ich dazu, schlecht über mich zu denken, und glaube, dass ich weniger Respekt verdiene. Umgekehrt: Wenn ich gut Ski fahre, denke ich gut über mich und bin überzeugt, dass ich es wert bin, Respekt und Anerkennung zu bekommen. Ich versuche, mich selbst dadurch zu beweisen, dass ich mich als Skifahrer verbessere. Das Bestreben von Selbst 1, uns als „wertvoll" zu etablieren, zwingt uns, das Ich-bin-toll-Spiel zu spielen. Diese Spiel befasst sich ausschließlich mit dem eigenen Image und lenkt uns vom natürlichen Prozess unseres Fortschritts ab.

DAS ICH-BIN-TOLL-SPIEL

Lynne Kaufman, eine aufmerksame Teilnehmerin eines fünftägigen Inner Game-Workshops, beschreibt in einem Artikel für *California Living* die Bedeutung des Ich-bin-toll-Spiels für einige Tennisspieler:

Rechtzeitig zum Mittagessen komme ich in der Wohnanlage Pelican 19 an. Sechs große runde Tische stehen im Wohnzimmer, die Vorhänge sind aufgezogen und geben den Blick frei auf Strandläufer, Kormorane und Möwen. Die anderen zwanzig Seminarteilnehmer trudeln ein, die meisten zwischen dreißig und fünfzig, Kalifornier, fit, braun gebrannt, Profis. Beim Essen ein leichtes verbales Aufwärmen: „Wer bist du? Was tust du? Wen kennst du? Wo warst du schon?" Schon bald wird jeder von uns seine Feuerprobe ablegen müssen: „Lust auf ein paar Bälle?" ... und ein paar Schläge später hat jeder von uns die Antwort auf die bedeutendste Frage des Lebens: WIE GUT BIST DU?

Tim erzählt gerne davon, wie er schon im Alter von zehn Jahren das Ich-bin-toll-Spiel gespielt hat. „An jedem Sommertag bin ich um Viertel vor sieben aufgestanden, habe mich angezogen und mir in knapp sechs Minuten mein Frühstück (Rühreier und Hotdogs) gemacht und verschlungen. Dann bin ich zwei Kilometer zum Pebble Beach Gatehouse runtergelaufen und die restlichen drei Meilen bis zum Tennisplatz entweder gelaufen oder per Anhalter gefahren. So war ich mindestens eine Stunde vor allen anderen da und konnte Vor- und Rückhandbälle gegen die Wand üben, 1041, 1042, 1043, 1044, bis zum Erbrechen.
Wenn die anderen Spieler schließlich auftauchten, habe ich mit jedem gespielt, der wollte, und bin erst nach dem Dunkelwerden nach Hause gegangen. Dann hatte ich fünfzehn bis zwanzig Sätze gespielt, ein Riesenloch im Bauch, und meine Schuhsohlen waren einen halben Zentimeter dünner. Wenn mich jemand gefragt hätte, warum ich so hart trainiere, oder gar, ob mir das Spaß mache, wäre ich wohl überrascht gewesen. Natürlich hat es Spaß gemacht, wenn ich gut spielte, aber ich machte das nicht aus Spaß. Ich machte es, um *gut zu werden*. Ich wusste nicht, warum „gut werden" für mich so wichtig war. Tatsächlich habe ich dreißig Jahre gebraucht, um herauszufinden, dass ich schon so gut *war*, wie ich mich damals bemühte zu werden."

Bei den meisten Menschen beginnt das Ich-bin-toll-Spiel mit einem klaren und gleichzeitig unbewussten Gefühl, dass „ich so, wie ich bin, nicht gut genug bin". Die Grundidee des Spiels besteht darin, Respekt und Bewunderung von sich selbst und anderen zu bekommen, weil man lernt, in einer Sache gut zu sein: „Ich bin vielleicht unattraktiv, aber ich werde es ihnen schon zeigen! Wenn die erst sehen, wie viele Einsen ich im Zeugnis habe! Das beweist, wie viel ich wert bin." Oder: „Die denken alle, ich hätte zwei linke Hände und Füße. Aber wartet nur! Jetzt fange ich an, Ski zu fahren, und ich werde so hart trainieren, dass ich ein richtig guter Skifahrer werde. Dann werden mich alle akzeptieren."
Wir spielen das Ich-bin-toll-Spiel vor allem, um etwas zu beweisen, das wir im tiefsten Innern nicht glauben. Fred tut alles, um aggressiver zu fahren, geht mehr Risiken ein und wird ein echter Rowdy auf Skiern, um zu beweisen, dass er ein echter Mann ist – vermutlich hat er selbst daran gezweifelt, wenn er das auf diese Weise bekräftigen muss. Im Allgemeinen zweifeln Menschen, die das Ich-bin-toll-Spiel spielen, an ihrem ureigenen Wert und verbringen ihr ganzes Leben damit, der Welt das Gegenteil ihres Selbstbildes zu demonstrieren.

Sich zu sehr anstrengen

DIE SCHWÄCHEN DES ICH-BIN-TOLL-SPIELS

Wer das Ich-bin-toll-Spiel spielt, steht dauernd unter Druck, denn eigentlich zweifelt er an seinen Fähigkeiten. Was tun wir aber, wenn wir an unseren Fähigkeiten zweifeln? Wir „versuchen" es. Wenn ein Skifahrer glaubt, dass er parallel gefahrene Schwünge beherrscht, dann versucht er es nicht – er macht es einfach. Wir *versuchen* nicht, uns hinzusetzen, wir tun es. Versuchen ist die Überkompensation eines Geistes, der bezweifelt, dass etwas möglich ist. Versuchen führt unvermeidlich dazu, dass man zu viele Muskeln zu fest anspannt, und genau das ist im Sport die Ursache der meisten Fehler. Natürlich ist Kraftanstrengung nötig, um eine Abfahrt in rhythmischen Schwüngen hinunterzufahren, aber es ist eben kein Versuchen. Wenn wir etwas „versuchen",

spannen wir unnötige Muskeln an (wir könnten sie die „Versuchsmuskeln" nennen), unsere Bewegungen sind nicht geschmeidig, sondern steif und unbeholfen, und wir fahren schlechter. Ein bekannter Trainer sagte einmal, geballte Fäuste und zusammengebissene Zähne seien ein sicheres Zeichen für eine schlechte Fahrzeit. Seine Sportler erzielten die besten Resultate, wenn er sie aufforderе, nur vier Fünftel ihrer möglichen Höchstgeschwindigkeit zu fahren.
„Nicht versuchen" bedeutet, Selbst 2 zu vertrauen – ein wichtiger Faktor, der eben nicht zum Ich-bin-toll-Spiel gehört.

Achtung, Schiedsrichter!

Für das Ich-bin-toll-Spiel brauchen wir einen oder mehrere Schiedsrichter, die uns und unser Skifahren loben oder kritisieren. Sehr oft achten wir mehr auf sie als auf unser Skifahren und dann verpassen wir die subtilen Rückmeldungen, die wir für unser Weiterkommen brauchen. Demzufolge wird es immer schwieriger, die Leistung zu steigern und die Anerkennung zu bekommen, die wir doch so sehr ersehnen.
Die meisten Spieler des Ich-bin-toll-Spiels suchen zuerst die Anerkennung ihrer Eltern, doch dann wächst die Liste schnell: Freunde, Lehrer, Trainer und schließlich alle, die gerade auf der Piste sind. Je mehr Menschen ich erlaube, über mich zu urteilen, desto mehr muss ich mich mit einander widersprechenden Auffassungen von richtig und falsch auseinandersetzen. Wenn ich anderen erlaube, über meinen Wert zu richten, bin ich von ihrer Gnade abhängig – wie die Gladiatoren, deren Leben von der Laune des Imperators abhing.
Meist ist der gnadenloseste Imperator mein eigenes Selbst 1. Seine Lieblingsrolle ist es, zu Gericht zu sitzen über mich und alles, was ich tue. Wer gibt mir die Macht, über mich selbst zu richten?

Nicht gewinnen

Der Versuch, das Ich-bin-toll-Spiel zu gewinnen, ist ein endloses Unterfangen. Sobald man ein Ziel erreicht hat, zeigt sich schon wieder ein neues. Ich musste zum Beispiel zuerst, Mitglied in der Schwimm-Mannschaft der Uni werden – doch das Mitgliederwappen an meinem Jackett war eher aus der Mode als das Jackett, also musste ich die Stadtmeisterschaft gewinnen. Auch als der ganze Kaminsims mit Pokalen vollgestellt war – inklusive dem für den amerikanischen Meistertitel –, war ich noch lange nicht zufrieden. Die Pokale konnten nicht beweisen, was ich beweisen wollte. Mit jedem Sieg verstrickte ich mich tiefer in das Spiel. Ich begann zu zweifeln, ob mir internationale Meisterschaften oder gar die olympischen Spiele genügen würden. Vielleicht konnte ich mich beweisen, indem ich Karriere machte, indem ich viel Geld verdiente, mich richtig kleidete, mit den richtigen Leuten verkehrte und so weiter. Aber das Spiel war endlos. Wann immer ich oben auf einer Leiter angekommen war, gab es noch viele weitere Leitern, die bestiegen werden wollten.

Ein Grundgesetz der Natur lautet, dass das Äußere stets das Innere spiegelt. Das ist der Hauptgrund dafür, dass niemand das Ich-bin-toll-Spiel gewinnen kann. Wir können uns selbst nicht verbessern, indem wir nur unser Äußeres polieren.

Weil das Ich-bin-toll-Spiel auf der falschen Voraussetzung basiert, dass „ich und meine Leistung dasselbe sind", kann man es nur gewinnen, wenn man aufhört mitzuspielen. Wie geht das? Zuerst müssen Sie erkennen, dass Sie das Spiel spielen, und dann müssen Sie sich darüber klar werden, dass dies gar nicht das Spiel ist, das Sie spielen wollen. Stellen Sie sich selbst Fragen: Warum ist mir mein Image so wichtig? Warum fühle ich mich schlecht, wenn ich schlecht Ski fahre, und warum glühe ich vor Stolz, wenn jemand mir sagt, dass ich toll Ski fahre? Finde ich meine Befriedigung darin, dass ich und andere glauben, ich sei ein toller Skifahrer, oder darin, dass ich tatsächlich gut fahre?

Diese beiden Arten der Befriedigung sind sehr unterschiedlich. Bei der ersten erfreut sich Selbst 1 an unserem Image und führt uns direkt ins Ich-bin-toll-Spiel. Die zweite entsteht durch unser direktes Erleben und führt uns ins Icherkunde-Spiel, in dem der Skifahrer sein Potenzial erleben will, ohne es zeigen zu müssen.

DAS ICH-ERKUNDE-SPIEL

Beim Skifahren bedeutet das Ich-erkunde-Spiel einfach, das eigene Können hier und jetzt zu erforschen und mit allen Sinnen zu erleben. Statt zu versuchen, mich durch mein Skifahren zu bestätigen oder vorherzusagen, wie ich die nächste Abfahrt meistere, lasse ich alle Erwartungen und Vorstellungen los und schaue, was geschieht. Ziel ist, mein Skifahren vollständig zu erkunden, meine Bewegungen, die Skier, den Schnee, den Rhythmus und das Gleichgewicht so bewusst wie möglich wahrzunehmen. Wenn ich so gut fahre, dass es mich selbst überrascht, genieße ich die Fahrt, aber ich erwarte weder, dass die nächste Abfahrt genauso gut wird, noch, dass ich schlechter fahre. Wenn ich stattdessen viel schlechter fahre, als ich eigentlich kann, leite ich daraus kein Urteil über mich oder mein skifahrerisches Können ab. Ich erlaube der Vergangenheit, vergangen zu sein, und lasse der Zukunft alle Möglichkeiten offen. Ich erkenne, dass Unsicherheit entsteht, wenn ich meine Vorstellungen über mich loslasse, und ich nehme diese Unannehmlichkeit in Kauf, weil ich dafür den Nervenkitzel neuer, frischer, überraschender Erfahrungen bekomme. Im Ich-erkunde-Spiel geht es nicht darum herauszufinden, wie *gut* du bist, sondern zu erleben, wie sich das entwickelt, was in dir steckt. Im Gegensatz zu denen, die das Ich-bin-toll-Spiel spielen, zielt der „Erkundende" nicht darauf ab, besser zu fahren, als seine Möglichkeiten erlauben. Ihm geht es nur darum, die selbst auferlegten mentalen Grenzen immer wieder zu überschreiten. Er will nicht mehr sein, als er ist; er will nur zulassen, dass sich das offenbart, was in ihm bereits vorhanden ist.

Im Folgenden finden Sie eine Reihe von Herangehensweisen, die Ihnen nach unserer Erfahrung den Einstieg in das „Icherkunde-Spiel" erleichtern und Ihnen erlauben, Ihr Potenzial zu entwickeln.

SKI FAHREN, WIE SIE SIND

Widerstehen Sie der Versuchung, beim Fahren irgendetwas auszuprobieren. Versuchen Sie nicht, gut oder schlecht zu fahren. Versuchen Sie nicht, sich zu entspannen oder sich zu konzentrieren. Versuchen Sie nicht loszulassen. Lassen Sie sich nicht von irgendwelchen Vorstellungen des Inner Game oder sonstigen Konzepten leiten. Fahren Sie einfach, wie Sie sind, und schauen Sie, was geschieht. Es ist sehr wahrscheinlich, dass Sie viel besser fahren als sonst, wenn Sie nichts versuchen. Aber bitte: Ziehen Sie keine Schlüsse, *in welcher Weise* Sie besser gefahren sind oder was Sie tun müssen, um auch in Zukunft so zu fahren. Versuchen Sie auch nicht, noch einmal so oder gar besser zu fahren. Akzeptieren Sie, was gerade jetzt bei dieser Abfahrt geschieht.
Wiederholen Sie dies wieder und wieder, bis Sie fühlen, dass Sie sich nicht mehr bewusst anstrengen. Es geht nur darum, Ihr Skifahren so zu entdecken, wie es ist – ohne „Hilfe" von Selbst 1.

NICHTWISSEND FAHREN

Als logische Folge des Spiels „Ski fahren, wie Sie sind" bietet sich ein Spiel an, dessen einzige Regel lautet: „Vergessen Sie alles, was Sie je über Skifahren gehört haben."
„Wie kann ich vergessen, was ich weiß?", fragte ein verunsicherter Anwalt aus New York.
„Das kannst du nicht", antwortete ich. „Aber mach es trotzdem. Lösch so viel wie möglich aus deinem Gedächtnis und lass dich überraschen. Denk nicht daran, wie man eine Kurve fährt oder ob du es richtig machst."
„Unglaublich!", rief er, als er unten ankam. „Ich bin genauso gut gefahren, wie wenn ich mir sage, was ich tun muss."
„Für mich sah es sogar besser aus."
„Zugegeben, es hat mehr Spaß gemacht. Aber du kannst von mir nicht erwarten, dass ich glaube, Unwissenheit sei der Schlüssel zum Erfolg."
„Deine erste Bemerkung vorhin war richtig", antwortete ich. „Du kannst nicht vergessen, was du weißt. Aber du kannst vergessen, was du zu wissen glaubst: Vorstellungen, Einbildungen, Glaubenssätze. Wenn du das tust, bleibt nur noch das

übrig, was du wirklich weißt. Vielleicht ist das die passendere Formulierung: Denke nur an das, was du wirklich weißt."

SPAß

Fahren Sie so, dass Sie den Spaß am Sport maximieren. Vergessen Sie alle „tu dies" und „lass das" und fahren Sie nur um der Freude willen. Glauben Sie auch nicht, dass der Spaß, den Sie bei den ersten paar Abfahrten spüren, immer gleich bleibt. Gehen Sie über all ihre Vorstellungen und Ideen von Spaß hinaus, konzentrieren Sie sich auf das, was *Ihnen* wirklich Spaß macht. Erlauben Sie Ihrem Körper, sich so zu bewegen, wie er es will, lassen Sie ihn spielen, während Sie die Freude daran erleben. Vielleicht haben Sie Spaß daran, schneller zu fahren oder langsamer oder beides abzuwechseln. Oder erst eine große Herausforderung und dann eine kleinere. Oder mehr Flüssigkeit und Eleganz der Bewegung. Es könnte auch Spaß machen, eine Weile besonders aggressiv oder absichtlich ungeschickt zu fahren. Es kann auch Spaß machen, mit dem Kanteneinsatz zu experimentieren.
Wenn Sie dieses Spiel eine Zeit lang gespielt haben, können Sie sich fragen, ob Sie den Spaß während des Fahrens erlebt haben oder hinterher, wenn Sie und Ihre Freunde entschieden haben, ob der Versuch gelungen ist oder nicht. Liegt der Spaß im Erleben oder im nachträglichen Überlegen?

SCHÜLER – LEHRER

Sie wissen es bereits: Die meisten von uns merken gar nicht, wie sehr wir uns durch unsere Rollen einschränken. Julia war angehende Lehrerin und als Skifahrerin eben über das Anfängerstadium hinaus. Sie steckte noch voller Selbstzweifel. Eines Tages schlug ich ihr vor, einmal so zu tun, als sei sie die Skilehrerin und wolle der Gruppe beibringen, einen Pflugbogen zu fahren. Sie begann zögernd, wiederholte, was sie an Grundlegendem über den Bogen gelernt hatte, und war nach kurzer Zeit völlig verloren. Sie hörte mit ihren Erklärungen auf und führte einige fast lehrbuchreife Pflugbögen vor. „So sollte es aussehen", erklärte sie cool. Wir starrten sie überrascht an, denn ihr Fahrstil und ihre Selbstsicherheit hatten sich enorm verbessert.

Julia war überrascht, fast peinlich berührt über ihr neues Können. „Hey, so gute Kurven bin ich noch nie gefahren." Und dann fragte sie mich: „Wie hast du das gemacht? Das war doch irgendein fauler Trick, oder?"
„Ich habe gar nichts gemacht, das warst du selbst. Du bist einen Moment lang zu dem Teil von dir geworden, der das tun kann, von dem ein anderer Teil von dir sagt, du könntest es nicht. Wie hast du dich als Lehrerin gefühlt?"
Wenn uns der Unterschied zwischen uns selbst und unserer Rolle klar wird, können wir unsere Spielräume erheblich ausweiten.

TU'S

Viele Skifahrer kennen das: Sie fahren dem Skilehrer nach, fahren besser als sonst und schaffen Abfahrten, an die sie sonst nicht im Traum gedacht hätten. Dabei hat einem der Skilehrer nicht einmal etwas Neues gezeigt, aber sie vertrauen ihm, und deshalb kann Selbst 1 aufhören, sich Sorgen zu machen, zu planen und Anweisungen zu geben. Was wir auf solchen Abfahrten zeigen, ist ein Indiz dafür, wie gut wir Ski fahren können, wenn sich Selbst 1 ruhig verhält.
Kürzlich fuhr ich mit Diana, einer Krankenpflegerin, Ende zwanzig, die erst drei oder vier Mal auf Skiern gestanden hatte. Sie fuhr mit großem Energieaufwand, fuhr von einer Seite der Piste zur anderen und wendete dann mit einem fast 180°-Pflugbogen. Wenn sie den Bogen ansetzte, war sie jedes Mal so langsam, dass sie sich mühsam abstoßen musste, um überhaupt drehen zu können. Mir war klar, dass es leichter für sie wäre, wenn sie früher und schneller drehen würde. So rief ich laut: „Drehen!", als sie die Piste nur halb überquert hatte. Sie tat es und wiederholte das mehrmals gemäß meinen Anweisungen. Nach fünf Kurven hielt sie an und sagte aufgeregt: „Wow, das macht Spaß. Ich hätte nicht gedacht, dass ich das kann."
„Wieso kannst du es denn jetzt?"
„Weil ich dir vertraue. Ich weiß, dass du mir nichts vorschlägst, was ich nicht kann, also hatte ich keine Zweifel."

„Und ich habe *dir* vertraut", antwortete ich. „Ich hätte dir nicht gesagt, dass du wenden sollst, wenn ich nicht gewusst hätte, dass du es kannst."
Dianas Selbstbild hatte sie daran gehindert, sich selbst zu vertrauen. Indem sie mir traute, zeigte sie nun aber auch Vertrauen zu sich selbst. Viele Skifahrer brauchen die Ermutigung eines Skilehrers oder einer anderen Autoritätsperson, die stärker an ihr Können glaubt, als sie es selbst tun. Aber es ist wichtig, dass der Skischüler dieses Vertrauen in Selbstvertrauen umwandelt, sonst glaubt er, er könne nur Ski fahren, wenn ein Lehrer dabei ist. Solche Menschen merken anscheinend nicht, dass sie Ski fahren – nicht der Lehrer.

SICH VOLLKOMMEN AUSDRÜCKEN

Wenn wir uns mit unserem Selbst 1 identifizieren, führt das häufig dazu, dass wir uns auf eine bestimmte Eigenschaft unseres Selbstbildes konzentrieren und alle anderen außer Acht lassen. Wenn ich mich zum Beispiel für vorsichtig halte, werde ich wahrscheinlich nicht glauben, dass ich auch abenteuerlustig bin. Wenn ich glaube, dass ich ein aggressiver Skifahrer bin, werde ich mich kaum für jemanden halten, der sich vom Gelände führen lässt. Tatsache ist hingegen, dass jeder von uns alle Eigenschaften ausdrücken kann. Wir können durchsetzungsstark und mitfühlend, vorsichtig und abenteuerlustig, ruhig und temperamentvoll sein. Weil wir aber einige Eigenschaften stärker betonen, konnten sie sich besser entwickeln; sie sind zu gigantischen Eichen geworden, während andere noch kleine grüne Eicheln sind. Wenn wir die Existenz der Eichel leugnen, also zum Beispiel glauben, wir seien nicht fähig, uns in andere einzufühlen, kümmern wir uns auch nicht darum und konzentrieren uns lieber auf das, was wir besser kennen. Dementsprechend werden wir diese Eigenschaft auch nicht entwickeln.
Ziel ist, nicht die eine oder die andere Eigenschaft zu betonen. Sie selbst sind mehr als die Summe Ihrer möglichen Eigenschaften. Und Sie können jederzeit wählen, welche Facette Sie gerade jetzt von sich zeigen möchten. Wenn wir

mit allem, was uns ausmacht, in Harmonie leben, haben wir die Freiheit, uns selbst auszudrücken. Die Chinesen nennen es das Prinzip von Yin und Yang – maskulin und feminin, einfühlsam und aggressiv, weich und hart. Wer alle Eigenschaften erkennt und entwickelt, kann jede einzelne so ausleben, wie die aktuellen Umstände es erfordern.

IST DAS ALLES EIN SPIEL?

Wer beginnt, das Ich-erkunde-Spiel zu spielen, stellt bald fest, dass es viel schöner ist, die Fähigkeiten und Talente von Selbst 2 zu erforschen, als das Ich-bin-toll-Spiel von Selbst 1 zu spielen. Außerdem lernen wir mehr dabei. Aber ist es wirklich nur ein Spiel? Was haben wir davon, wenn es uns gelingt, so Ski zu fahren, wie unser Potenzial es erlaubt? Wir finden Freude an der Erfahrung und die Befriedigung, unsere Bestleistung zu erbringen, aber genügt das? Und wenn es uns trotz allem nicht gelingt, unsere Bestleistung zu erreichen, haben wir dann versagt?
Wir haben in diesem Kapitel gezeigt, dass der Wunsch, sein Potenzial freizusetzen, natürlich ist. Sie haben erkennen können, dass Menschen dazu neigen, ihre eigene Entwicklung zu stören, und dass ihnen das vor allem dadurch gelingt, dass sie sich einschränkende Vorstellungen von sich selbst machen und zu beweisen versuchen, dass diese richtig sind. Diese weitverbreitete Neigung, ein Bild von sich selbst zu kreieren, hat mich neugierig gemacht. Warum tun wir das? Warum sind wir so gerne bereit, Glaubenssätze über uns selbst zu akzeptieren, warum identifizieren wir uns mit unserer Leistung, mit unserem Aussehen, mit unserer Rolle? Warum ist mir mein Selbstbild so wichtig? Warum bin ich abhängig von der Anerkennung anderer? Muss ich mich wirklich erst selbst respektieren, um den Respekt der anderen zu verdienen? Müssen andere Kreaturen ihren Wert beweisen? Tun Babys das auch? Da ich meinen Wert nur in dem Maße beweisen muss, wie ich ihn nicht kenne, gibt es auf all diese Fragen nur eine einzige Antwort: Ich weiß nicht, wer ich bin. Und wenn ich nicht weiß, wer ich bin – wie soll ich dann meinen Wert kennen?

Noch interessanter ist die Erkenntnis, dass ich offenbar unbedingt wissen will, wer ich bin. Warum sollte ich sonst so viel Zeit und Energie darauf verwenden, mich mit so vielen oberflächlichen Äußerlichkeiten zu identifizieren? Vielleicht ist dies der Aufbruch zur Selbsterkenntnis. Ich bin der Mensch, der wissen will, wer er ist.

6 NATÜRLICHES LERNEN

Nur wenige Skifahrer möchten mehr Zeit als unbedingt nötig darauf verwenden, Neues zu lernen. Wer nur wenig Zeit in den Bergen verbringen kann, wird schnell ungeduldig. Das gilt besonders für Aufmerksamkeitstechniken, die wir in Inner Game-Skigruppen benutzen, um neue Fähigkeiten zu erlernen. Manchmal haben unsere Skischüler das Gefühl, Zeit zu verlieren, wenn sie nicht einen schnellen Tipp oder korrigierende Anweisungen bekommen – schließlich haben sie schon immer so gelernt und sie glauben, dass dies der direkte Weg zum schnellen Fortschritt sei. Doch dieses Vorgehen ist im Grunde ein unnatürlicher Weg, weil in diesem Fall der Körper beim Lernen keine Rolle spielt.
Die Wahrheit ist jedoch, dass Sie eine neue Fertigkeit umso leichter, schneller und gründlicher lernen, je aufmerksamer Sie beim Üben sind. Die Ergebnisse mit Inner Game Ski zeigen deutlich: Wenn man die Aufmerksamkeit beim Fahren auf seine direkten sinnlichen Erfahrungen fokussiert, lernt der Körper am besten, wie er eine Bewegung ausführen muss.

PETER

Peter, ein schüchterner Dreizehnjähriger, war ein fortgeschrittener Anfänger, der seit drei oder vier Jahren Ski fuhr und den Sport liebte. Vor einer Abfahrt schlug ich vor, dass wir zunächst ein paar Kurven zum Aufwärmen fahren sollten.
Peter stand ein wenig steif auf seinen Skiern, und als er die Kurve begann, lehnte er sich leicht nach hinten, sodass ihm die Skier wegrutschten und er die Kanten nicht richtig einsetzen konnte. Außerdem belastete er den Bergski zu stark. Er wirkte wie ein Skifahrer, dem es zwar an Kontrolle und

Balance fehlte, der aber dank seiner Schnelligkeit und seinen sonstigen athletischen Fähigkeiten irgendwie zurechtkam.
„Lass uns ein Stückchen fahren, und du sagst mir, wo du deinen Schwerpunkt fühlst", sagte ich.
„Ich sitze ziemlich weit hinten", erklärte Peter ungefähr zehn Kurven später.
„Dann sollten wir daran arbeiten. Lehn dich so weit zurück, wie deine Stiefel es zulassen. Spürst du das?" Er nickte. „Lass uns das Stufe drei nennen. Jetzt komm ein kleines Stück nach vorn, aber so, dass das meiste Gewicht immer noch auf den Fersen ist. Das ist Stufe zwei. Und jetzt steh ganz flach auf deinen Füßen, sodass das Gewicht gleichmäßig verteilt ist. Das ist Stufe eins. Und sobald du nur noch auf den Fußballen stehst, ist das Stufe null."
Nachdem Peter im Stehen diese vier Positionen und ihre Unterschiede ausprobiert hatte, fuhren wir ein Stück. „Achte darauf, wo dein Schwerpunkt jeweils liegt, wenn du eine Kurve fährst, und rufe laut die jeweilige Stufe. Denk nicht daran, wo der Schwerpunkt liegen *sollte*; achte einfach darauf, was passiert."
Zehn Kurven lang rief Peter: „Drei, zwei, drei, vier, hoppla!, drei, zwei, eins, drei, drei, zwei, zwei, zwei, zwei ..." Als wir anhielten, rief er: „Gute Güte, ich hatte vorher nie bemerkt, wie weit hinten ich bin. Aber dass etwas mit dem Gleichgewicht nicht stimmt, das wusste ich, es war immer, als würde ich meinen Skiern nachrennen."
„Lass uns das noch einmal versuchen. Aber denk daran: Versuche nicht, das, was du tust, zu verändern. Nimm es einfach wahr."
Dieses Mal rief Peter nur zu Anfang ein paar Dreien, danach kamen nur noch Zweien und Einsen. Es sah aus, als stehe er besser auf seinen Skiern, und er fuhr schneller und sicherer.
„In den letzten Kurven war das Gewicht viel mehr auf dem ganzen Fuß. Ich habe mich besser ausbalanciert gefühlt, nicht so weit hinten", stellte er fest.
„Prima. Dann möchte ich jetzt, dass du absichtlich ein paar Dreien fährst. Dann ein paar Zweien, ein paar Einsen und

schließlich auch ein paar Nullen. Wechsle einfach zwischen den Positionen hin und her."
Wir fuhren weiter, und Peter ging mehrmals alle Zahlen durch. Schließlich hielten wir an und ich fragte ihn, was ihm aufgefallen war. „Es ist schwierig, die Stufen zu unterscheiden, aber ‚eins' fühlt sich auf jeden Fall besser an als ‚drei'. Bei ‚null' habe ich zwar gemerkt, dass ich die Kanten besser einsetzen kann, aber ich hatte auch ein wenig Angst."
Ich ließ Peter die Übung noch ein paar Mal machen, ohne dass er entscheiden sollte, welches die „richtige" Zahl ist. „Lass einfach deinen Körper tun, was er möchte", schlug ich vor.
Peter fuhr eine ganze Reihe verbesserter Kurven. Sein Schwerpunkt war weiter vorn (meist bei ‚eins'), seine Knie waren stärker gebeugt und seine ganze Haltung wirkte entspannter. Allerdings belastete er den Innenski in den Kurven zu stark.
Vor der nächsten Abfahrt sagte ich zu ihm: „Wir machen jetzt etwas anderes. Es heißt ‚russisch Skifahren' und geht so: Du achtest darauf, wann dein Gewicht auf einem Ski ist und wann auf beiden. Wenn es auf beiden ist, schreist du ‚zweski, zweski', und wenn es auf einem ist ‚onski, onski'."
In den ersten paar Kurven fuhr Peter ‚zweski', doch nach und nach begann er, den Außenski zu belasten, wenn er in die Kurve ging. Es war schön zu sehen, wie schnell sein Körper diese grundlegende Fähigkeit aufgenommen hatte.
Peter strahlte, als er bei mir ankam. „Das war klasse", sagte er und erklärte mir, wie viel besser und sicherer es sich anfühlte, ‚onski' zu fahren.
„Weißt du, welchen Ski du belastet hast, als du in die Kurve gegangen bist?", fragte ich. Peter begann nachzudenken, doch ich unterbrach ihn. „Lass es uns herausfinden. Du rufst beim Fahren einfach, welcher Ski belastet ist - rechts, links oder beide."
Peter stellte nach wenigen Kurven fest, dass er zu Beginn einer Kurve fast immer auf dem Außenski stand. Wir setzten diese Aufmerksamkeitsübung fort, bis Peter immer sicherer mit seiner Gewichtsverteilung umgehen konnte.

Als Nächstes zeichnete ich ein S in den Schnee, das eine Kurve darstellen sollte. Ich bezeichnete den obersten Punkt als 12 Uhr, den Punkt auf der Hälfte der Strecke als 3 Uhr und das untere Ende als 6 Uhr. Peter sollte nun darauf achten, an welchem Punkt der Kurve er das Gewicht auf den Außenski verlagerte.

12:00 1:00
2:00
3:00
6:00

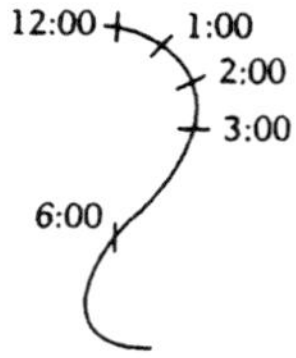

Nach zehn oder zwölf Kurven sagte Peter, dass er das Gewicht immer bei etwa 2 Uhr stärker auf den Außenski verlagerte und ansonsten das Gewicht etwas mehr auf beide Füße verteilt hatte.
Ich bat ihn, einige Kurven zu fahren, bei denen er das Gewicht bei zwölf Uhr verlagerte, und dann einige mit drei Uhr. Wir verbrachten die gesamte Abfahrt mit dieser Übung, und am Ende sagte Peter: „Wow! Ich bin viel sicherer bei zwölf!"
Wir machten noch eine weitere Abfahrt, und Peter fuhr ausgezeichnet. Am Ende der Stunde sagte er schüchtern: „Ich habe mich beim Lernen noch nie so gut gefühlt. Mein Vater trainiert Rennläufer und er ist ein guter Trainer, aber bei ihm ist alles immer so anstrengend. Ich bin der Jüngste in der Familie und ich dachte, ich mache nur Fehler. Aber du hast mich heute überhaupt nicht korrigiert, ich musste nur auf das achten, was gerade passiert. Kein Druck, viel Spaß, und ich glaube, mein Fahrstil hat sich automatisch verbessert. Danke."
„Bedank dich bei dir selbst", sagte ich. „Du bist gefahren, nicht ich. Du hast deinem Körper erlaubt, dich zu lehren, was er wollte. Ich war nur dazu da, damit du deine Aufmerksamkeit besser fokussieren kannst. Dein Körper ist ziemlich

schlau und wenn du dich auf ihn verlässt, wirst du bald merken, dass du ihm wirklich trauen kannst. Er führt dich in die richtige Richtung und so macht Lernen immer Spaß."

ANWEISUNGEN VOM LEHRER

Nachdem ich Peter hatte fahren sehen, wäre es ein Leichtes gewesen, ihm zu sagen, was er falsch macht, und ihm vorzuschlagen, wie er seinen Fahrstil verbessern könnte. Ich hätte ihm sagen können, er solle seine Knie stärker beugen und sich weiter nach vorn lehnen. Aber solche skitechnischen Anweisungen hätten seine Aufmerksamkeit von dem abgelenkt, was er gerade erlebte, und hätten seinen Fortschritt eher behindert als gefördert. Er hätte begonnen, über meine Anweisungen nachzudenken, sie in Gedanken wiederholt und überlegt, ob er sie richtig umsetzen würde. Auf diese Weise hätte er das Feedback seines Körpers viel undeutlicher wahrgenommen.

Anweisungen fliegen auf der Skipiste umher wie Schneeflocken im Sturm: „Beug dich nach vorn, wenn du auf Eis kommst"; „Auf Pulverschnee stehst du besser auch mittig"; „Leg dich in die Kurve"; „Drücke deine Knie zum Berg hin"; „Belaste den Außenski stärker als den Innenski" und so weiter. Aber durch Anweisungen lernt man nichts. Sie fassen bloß Gedachtes in Worte und geben deshalb dem Körper nur Andeutungen dessen, was er wirklich tun soll. Der Körper lernt aus den sinnlichen Erfahrungen und kann Anweisungen nur als zusätzliche Erläuterung zu seiner eigenen Erfahrung verarbeiten. Die Informationen, die er aus dem aufnimmt, was er tut, sind viel komplexer und detaillierter als alles, was eine verbale Anleitung je übermitteln könnte. Wann und wie stark man das Gewicht verlagern muss, ist abhängig von der Steilheit des Hangs, von der Länge der Skier und vom Können des Fahrers. Ein Computer hätte Schwierigkeiten, die nötigen Berechnungen mit diesen vielen Variablen durchzuführen – es bewusst im Kopf zu tun und die Ergebnisse auch noch umzusetzen, ist ganz unmöglich.

Selbst 2 hingegen sammelt nonverbale Daten aus seiner Erfahrung und speichert sie so, dass es präzise Instruktionen an die Muskeln geben kann, damit unsere Aktionen und Reaktionen immer effektiver und automatisierter werden. Wenn Sie einmal eine Erfahrung gemacht haben, können Sie den Hinweis, der Sie zu dieser Erfahrung geführt hat, vergessen. Wenn Sie das Gebiet, wo Sie Ski fahren möchten, erreicht haben, brauchen Sie die Straßenkarte nicht mehr. Die Landkarte ist nicht das Gelände; die Vorstellung ist nicht die Erfahrung.

Wenn Sie die Skifahrtipps zu ihrem Ursprung zurückverfolgen, stellen Sie mit großer Wahrscheinlichkeit fest, dass sie ursprünglich aus der Erfahrung irgendeines anderen Skifahrers entstanden sind. Jemand, der über Buckel gefahren ist, hat entdeckt, dass es sinnvoll ist, sich auf jedem Buckel abzustoßen. Er gab diese Erkenntnis an andere weiter, und schließlich hat die Nachricht auch Sie und mich erreicht. Leider benutzen wir solche Tipps zu oft, um die eigentliche Erfahrung zu ersetzen, statt uns davon zu eigenen Erfahrungen anregen zu lassen.

Wenn wir während der ganzen Fahrt technische Anweisungen abarbeiten, zieht sich unser Selbst 2 in sich selbst zurück – schließlich ist es in der Lage, sich ausgesprochen komplexe Bewegungsabfolgen zu merken, ohne dass diese je in Worte gefasst wurden.

HILFE, DIE HILFLOS MACHT

So wie ein Skifahrer eine Litanei aus Tipps und Anweisungen zu seinem Evangelium machen kann, statt sich auf seine eigene Erfahrung zu verlassen, so kann er auch von seinem Lehrer abhängig werden. Ein Skilehrer, der gerne zeigt, wie viel besser er fährt als seine Schüler, verstärkt natürlich deren Selbstzweifel. Wenn jemand nun glaubt, dass er ohne die Anweisungen des Lehrers nicht lernen kann, verliert er jedes Vertrauen in seinen eigenen, natürlichen Lernprozess. Er bleibt abhängig von der Führung und Anerkennung durch eine externe Autorität.

Lernen funktioniert dann am besten, wenn Lehrer und Schüler erkennen, dass Erfahrung der beste Lehrmeister ist. Ein Skilehrer muss dem Skischüler Erfahrungen ermöglichen, die seinem Können angemessen sind. Während der Schüler lernt, die Rückmeldungen seines Körpers in Bezug auf Skier und Schnee sorgfältig wahrzunehmen, lernt der Lehrer, wie er den Schüler am besten in seine nächste Erfahrung führt. Wenn er dabei einfach Routineanweisungen wiederholt, die z. B. für Anfänger vorgesehen sind, übersieht er das, was der Schüler in der Zwischenzeit aus seinen Erfahrungen gelernt hat, und kann ihn nicht effizient anleiten. Wenn er seinen Schüler unbedingt zum nächsten Programmpunkt im Curriculum bringen will, um in Rekordzeit bestimmte Fortschritte zu erzielen, entgeht ihm vielleicht eine Unsicherheit beim letzten Lernschritt oder sogar Angst und Widerstände. Ein Lehrer braucht mindestens so viel Vertrauen in das Selbst 2 seiner Schüler wie die Schüler selbst – nur so kann er ihrem Lernprozess effektiv nützen.

ANGEWOHNHEITEN ABLEGEN

Oft kommen Skifahrer in ihrer Entwicklung in eine Sackgasse. Sie bleiben zum Beispiel irgendwo zwischen Pflug und dem Kurvenfahren mit paralleler Skistellung stecken und es scheint, als kämen sie nicht mehr weiter. Sie versuchen alles, Skiunterricht, Tipps, kluge Artikel in Skizeitschriften, aber nichts scheint zu wirken.
Meist ist die Ursache für die Sackgasse irgendeine unbewusste Angewohnheit – wir reagieren in einer bestimmten Situation automatisch in einer bestimmten Weise und merken es nicht einmal. Solche Angewohnheiten können sich schon in der ersten Skistunde einschleichen, aber weil sie unseren Anfangsfortschritt nicht behindern, bemerken wir sie nicht. So „sitzen" viele Anfänger zu weit hinten, aber sie kompensieren das, indem sie den Oberkörper extrem weit nach vorn beugen – ein doppelter Kraftaufwand, um das anfängliche Ungleichgewicht auszubalancieren. Wenn man lange genug in dieser Position fährt, fühlt sich das schließlich ganz normal an.
Der Schlüssel, um diese Angewohnheit abzulegen, ist derselbe wie für den gesamten natürlichen Lernprozess: *Erhöhen Sie Ihre Aufmerksamkeit!* Angewohnheiten überleben

im Dunkel unseres Unterbewusstseins – vor allem dann, wenn wir sie als „schlecht" verurteilt und sie so effizient abgeblockt haben, dass wir nicht mehr merken, dass wir sie haben. Der erste Schritt ist also, die Angewohnheit wieder ins Licht unserer Aufmerksamkeit zu holen. Der zweite Schritt ist, alles zu tun, um unseren Fokus für die besonderen Merkmale der Angewohnheit zu schärfen. Nur dann entsteht die nötige Kraft, um das Muster zu brechen.

Da wir das Wissen um unsere Angewohnheiten oft unterdrücken, kann ein Skilehrer uns helfen, die Aufmerksamkeit gerade darauf zu richten. Ich weiß das deshalb so genau, weil ich vor einiger Zeit mit meinen eigenen Angewohnheiten konfrontiert worden bin. Ich war ein „schöner" Skifahrer: Meine Skier waren stets parallel, und ich machte auf allen mittleren und auf einigen schweren Pisten ein tolle Figur. Doch bei wirklich schwierigen Pisten mit vielen Buckeln kam ich aus dem Gleichgewicht und verlor meinen Rhythmus. Nach wenigen Abfahrten wurden meine Oberschenkel hart – egal, wo ich fuhr. Ich wusste, dass ich irgendetwas falsch machte, und probierte alle möglichen Techniken und Übungen aus, um das Problem zu identifizieren. Nichts half.

Dann nahm ich eine Skistunde bei Junior Bounous von Snow Bird. Nach etwa fünfzehn Kurven sagte er zu mir: „Bob, kannst du mal deine Skier so weit spreizen, wie es eben möglich ist, und so zehn Kurven fahren?" Ich machte es, und es war mehr als seltsam. Ich fühlte mich zwei Köpfe kleiner, wie ein verrückter Zwerg. Um in dieser Position überhaupt eine Kurve fahren zu können, musste ich mich viel früher zu Seite beugen und den Außenski belasten. Doch trotz dieses merkwürdigen Gefühls merkte ich, dass ich anscheinend auch auf diesem schwierigen Gelände mehr Kontrolle und besseres Gleichgewicht hatte als vorher.

Danach sollte ich ein paar Kurven fahren und dabei meine Beine und meine Skier so fest wie möglich zusammenpressen. Das entsprach viel mehr meiner normalen Fahrweise, darum fühlte es sich viel natürlicher an. Doch nach einigen Minuten merkte ich, dass irgendetwas falsch war.

Junior bat mich, zwischen beiden Positionen hin- und herzuwechseln, bis wir unten waren. Bis dahin war mir klar geworden, dass meine „schöne" Körperhaltung sehr unnatürlich war und wie hart meine Oberschenkel waren, wenn ich meine Skier zusammenpresste. Außerdem hatte ich am Ende einer Kurve häufig das Gewicht auf dem Bergski, sodass die Skier fast unter mir wegrutschten.

Vor der nächsten Abfahrt sagte Junior: „Jetzt fahr mir mal nach, ohne über deine Beine oder deine Skier nachzudenken." Er startete, ohne dass ich eine Chance zu antworten gehabt hätte. Wir gingen eine ziemlich steile Buckelpiste an und ich war überrascht, wie gleichmäßig und kontrolliert ich fuhr. Nach ein paar Kurven bemerkte ich, dass meine Skier nicht mehr so eng aneinanderklebten wie vorher und dass ich den Bergski eher und nachdrücklicher belastete. Meine Beine fühlten sich locker und entspannt an und reagierten geschmeidig auf das Gelände.

Bei einem kurzen, atemlosen Halt teilte ich Junior meine Beobachtungen mit, und er versuchte, ein Grinsen zu unterdrücken. „Ach was", sagte er. „Denk einfach nicht darüber nach. Auf! Du verlierst Zeit." Weg war er!

Es war ein Durchbruch! Ich fühlte mich so sicher, dass ich nicht hätte stürzen können, wenn ich gewollt hätte.

Bei einem anderen Inner Game-Skiworkshop schloss ich mich einer Gruppe an, die Don Lemos aus Aspen leitete. Seit meiner Skistunde mit Junior hatte sich mein Fahrstil stark verbessert, aber ich hatte immer noch das Gefühl, dass ich mich zu sehr anstrengte und zu viel mit dem Oberkörper arbeitete. Nach der Abfahrt sagte Don: „Bob, fahr ein paar ganz normale Kurven und achte darauf, wie sich dein Kopf anfühlt."

Ich tat das, aber ich bemerkte nichts Ungewöhnliches. Als Don fragte, was ich gespürt hatte, antworte ich „Nichts" und kam mir ziemlich dumm vor, als der Rest der Gruppe anfing zu lachen.

„Fahr noch mal", beharrte Don. „Und versuch herauszufinden, ob sich dein Kopf bewegt oder ob er ruhig ist."

Mein Kopf fühlte sich richtig an – nicht zu viel Bewegung, aber auch nicht wie angeschraubt.
„Okay. Fahr noch ein paar Kurven und schüttle dabei deinen Kopf in jeder Kurve, so stark du kannst, von rechts nach links."
Die Bewegung fühlte sich sehr unangenehm an. Jedes Mal, wenn ich meinen Kopf zur Seite warf, geriet auch mein Körper leicht aus dem Gleichgewicht und meine Skier rutschten ein wenig zur Seite. Aber obwohl ich mich unwohl fühlte, gab es in der Bewegung etwas, das mir bekannt vorkam. Don ließ mich dann das andere Extrem ausprobieren: Den Kopf in den Kurven so ruhig wie möglich zu halten. Ich hatte erwartet, mich steif zu fühlen, aber zu meiner Überraschung war ich viel besser im Gleichgewicht. Wir probierten die beiden Varianten noch ein paar Mal aus, und ich bemerkte, wie stark ich bis dahin meinen Kopf bewegt hatte. Am Ende der Stunde gab es noch eine Abfahrt, bei der ich alles vergessen sollte, was ich gerade gemacht hatte. Mein Körper fühlte sich dabei ganz ruhig und das Skifahren ging ohne Mühe.
Lemos und Bounous hatten die „Methode der Gegensätze" benutzt, damit ich mir meiner Angewohnheiten bewusster wurde, und damit konnte ich mich klar auf das fokussieren, was mir Mühe machte.
Wer eine „schlechte" Angewohnheit übertreibt, befreit sie gleichzeitig von allen negativen Nebenbedeutungen und kann sie leichter ins Zentrum der Aufmerksamkeit rücken. Wenn ein Skischüler hört, dass er seine Knie am Ausgang einer Kurve nicht genug beugt, erzeugt diese Kritik meist einen Widerstand: Er denkt, es sei „schlecht", die Knie durchzudrücken, und versucht, die Angewohnheit zu verändern, bevor er sich klar darüber wird, was er eigentlich tut. Doch wenn der Anfänger nicht weiß, wie wenig seine Knie tatsächlich gebeugt sind, wird es schwierig, etwas zu verändern. Aber wenn der Skilehrer ihn bittet herauszufinden, wie es sich mit ganz durchgedrückten Knien fährt, merkt er erstens, wie ineffizient das ist, und zweitens, wie ähnlich er bisher gefahren ist. Als Folge beginnt er aus eigenem Antrieb, stärker in die Knie zu gehen.

Wir alle haben Angewohnheiten. Einige helfen uns, unsere Ziele zu erreichen, einige spielen keine Rolle, einige sind schädlich. Aber sobald wir sie unbewusst ausführen, verringern sie unseren Sinn für Aufmerksamkeit in unserem Leben. Unbewusste Angewohnheiten schläfern uns ein und schränken unsere Handlungsalternativen ein; Aufmerksamkeit macht uns wach und bereit für die ganze Palette unserer Handlungsmöglichkeiten und unseres Potenzials.

AUFMERKSAMKEIT WIRKT – WIRKLICH?

„Da muss doch mehr dran sein", sagte ein Skifahrer, der nicht glauben konnte, dass nur gesteigerte Aufmerksamkeit seine Fahrtechnik verbessert hatte.

Obwohl ich selbst oft gesehen habe, dass Aufmerksamkeit Wunder wirkt, bin auch ich immer wieder überrascht. Wie die meisten von uns war ich darauf konditioniert zu glauben, ich müsse mir selbst sagen, was falsch und was richtig ist, und mich dann angestrengt bemühen, das eine zu lassen und das andere zu tun. Nur so könne ich lernen. Ein solcher Glaube hindert uns daran, dem natürlichen Lernprozess zu vertrauen, der automatisch beginnt, wenn wir ihn zulassen. Sogar Skifahrer, die am Anfang fast ohne Anweisungen große Fortschritte gemacht haben, denken, es müsse irgendeinen Trick geben, und suchen nach einer besonderen Erklärung, an der sie sich festhalten können. Oft denken sie, der Skilehrer besitze alle Macht und sie könnten nur dann gut fahren, wenn er in der Nähe ist. Tatsache ist jedoch, dass man immer dann Fortschritte macht, wenn man aufmerksam ist. Die Beweislast ist erdrückend: Das Versuchen versagt; die Aufmerksamkeit wirkt.

Um meinen eigenen Unglauben zu zerstreuen, habe ich mich gefragt, wie Aufmerksamkeit wirkt. Dabei bin ich auf folgende Analogie gestoßen: Stellen Sie sich vor, Sie sind am Spätnachmittag auf der Piste. Starker Schneefall beschränkt Ihre Sicht auf höchsten zehn Prozent. Nehmen Sie weiter an, Sie haben ein Beruhigungsmittel eingenommen, das auch Ihr Körpergefühl auf zehn Prozent reduziert. Mit so wenig Feedback vom Gelände und von Ihrem Körper ist es schier unmöglich, sicher den Berg hinunterzukommen, geschweige denn, Ihre Fahrtechnik zu verbessern. Ihr Körper braucht für jede kleinste Anpassung eine Unzahl von Informationen, die er über die Augen, über die Ohren, über den Tast- und den Gleichgewichtssinn aufnimmt. Wenn wir aufmerksamer werden, steigt auch die Menge der Rückmeldungen, und die Fähigkeit des Körpers, sich selbst zu korrigieren, wächst proportional.

WER MUSS ÜBEN?

Oft erleben wir bedeutende und beinahe sofortige Lernfortschritte, sobald ein mentales Hindernis entfernt wurde und die Aufmerksamkeit steigt. Etwas Neues, Dramatisches entsteht. Wenn etwas ein oder zwei Mal gelingt, sieht der Skifahrer sein Potenzial; er erkennt, dass er tatsächlich Talent und Können besitzt, und er ist entsprechend aufgeregt. Doch wenn ihn das zu dem Gedanken verleitet, nicht mehr üben zu müssen, ist die Wahrscheinlichkeit groß, dass er am nächsten Tag enttäuscht wird, weil die neue Fähigkeit schon wieder verschwunden ist. Solange wir uns nicht darauf verlassen können, dass eine neu erworbene Fähigkeit da ist, wenn wir sie brauchen, können wir uns nicht als so weit „fortgeschritten" bezeichnen.

Für Menschen, die in einer Kultur mit Fertiggerichten, Geldautomaten und sofortiger Bedürfnisbefriedigung aufgewachsen sind, klingt „Üben" nach Mühsal. Wir wollen nicht hören, dass Rom nicht an einem Tag erbaut wurde und dass vierzig Minuten pro Tag nicht reichen, um Erleuchtung zu erlangen. Wir brauchen in jedem Bereich Zeit und Übung, um Herausragendes zu leisten. Wenn ein Golf- oder Basketballspieler sagt, alles habe gepasst, dann meint er eine fein gedrechselte Bewegung, für die er jahrelang trainiert hatte. Sie schlagen ja auch nicht mit einem einzigen Schwung eine Kerbe in hartes Holz! Warum wollen Sie dann in einem halben Tag lernen, in schwierigem Gelände perfekte Kurven zu fahren. Selbst 2 muss eine Erfahrung mehrfach machen, um seine Bewegungen so zu verfeinern, dass es sie immer wieder abrufen kann.

Doch obwohl ich mittlerweile erkannt habe, dass Freiheit und Spontanität das Resultat von viel Training und Selbstdisziplin sind, glaube ich doch an den schnellen Erfolg. Es gibt keinen Grund, Training als eine Folter zu betrachten, die man erdulden muss, um sich später an seiner Höchstleistung zu erfreuen. Erfolg ist immer dort möglich, wo die Aufmerksamkeit ganz in der Gegenwart ist – auf jedem einzelnen Schritt auf dem Weg und nicht erst ganz am Ende. Selbst 1 langweilt sich beim Üben so schnell, weil wir das Üben meist nicht als echten Erfahrungsprozess ansehen. Nach fünfundzwanzig Pflugbögen hintereinander denkt Selbst 1, jetzt wisse es alles über diese Bewegung, und demzufolge verlieren wir die Achtsamkeit und Neugier, die auch den sechsundzwanzigsten Pflugbogen zum Ereignis hätten werden lassen. Wir erleben die nächsten Bögen durch den dichten Gedankennebel aus „ach Gott, schon wieder ein Pflugbogen". Das „ach Gott" verkleinert unsere Aufnahmefähigkeit, der gelangweilte Geist rutscht über die Oberfläche der wahren Erfahrung und lässt sich leicht ablenken, weil er nicht genug Details wahrnimmt, um bei der Sache zu bleiben. Wer sich beim Üben langweilt, macht kaum noch Fortschritte.

Spielen ist eine Möglichkeit, Langeweile zu überwinden. Auf einer Party lernte ich einen Flötisten kennen und wir unterhielten uns über das Üben. „Ich übe nie", sagte er. „Ich spiele immer. Ich kann stundenlang Tonleitern spielen und es geht mir prima dabei. Früher habe ich es gehasst, zu Hause zu üben, während alle anderen draußen spielen durften. Eines Tages fing ich an, nicht wie sonst zu spielen, sondern versuchte, so heftig wie möglich in das Mundstück zu blasen. Ich merkte, dass sich der Klang veränderte, wenn ich stärker oder schwächer blies, und so hörte ich dem Klang meines Atems zu. Ich bemerkte ganz feine Unterschiede, die ich vorher noch nie gehört hatte, und lernte, wie ich sie selbst herbeiführen konnte. Seither kann ich ewig Tonleitern spielen, ohne mich zu langweilen, und ich empfinde das nicht einmal als Üben."

Eines Tages unterrichtete ich Ellen und Hanna, 16-jährige temperamentvolle Zwillinge, die ständig miteinander wetteiferten. Sie sprudelten über vor Energie und unterbrachen einander ständig mitten im Satz. Sie waren fortgeschrittene Anfängerinnen und hatten gerade gelernt, ihren Außenski zu belasten, um eine Kurve zu fahren, aber ich merkte, dass sie noch Übung brauchten, um die Bewegung einzuschleifen.
Ich nahm sie mit auf eine eher einfache Piste und Hanna rief sofort: „Oh nein, das ist doch viel zu einfach. So langweilig!"
„Genau, lass uns eine schwierige Abfahrt machen", pflichtete Ellen bei.
Es war leicht vorherzusehen, dass diese beiden die Aussicht auf eine halbe Stunde Außenskitraining nicht eben bejubeln würden. Ich erinnerte mich an den Musiker und bat die beiden, etwas auszuprobieren. „Wenn das nichts ist, fahren wir woanders."
„Wir probieren alles aus. Einmal", sagten die beiden vorsichtig.
„Ich möchte, dass ihr ein paar Kurven fahrt und herausfindet, wo in eurem Körper der größte Druck ist, wenn ihr den Außenski in der Kurve belastet. Versucht, diesen Ort so präzise wie möglich zu benennen."
Ich fuhr fünfzig Meter voraus, um sie zu beobachten. Sie hatten aufgehört zu wetteifern oder die netten Jungs auf der Piste zu begutachten, sondern sahen sehr konzentriert aus. Als sei bei mir ankamen, begannen sie gleichzeitig zu reden. „Bei mir war ganz viel Druck im rechten Bein, hier oberhalb vom Knie", begann Ellen, und Hanna unterbrach: „Erst habe ich das Schienbein an meinem Stiefel gespürt und dann den inneren Teil vom Fußballen."
„Gut. Dann wollen wir jetzt herausfinden, wie viel Druck dort ist", sagte ich, um ihr Interesse wachzuhalten. Ich erklärte ihnen die Skala von eins bis zehn, und bei den nächsten Abfahrten fokussierten die Mädchen sich auf die Stellen in ihrem Körper, wo sie den Druck lokalisiert hatten. Während sie in dieser Übung aufgingen, sammelten sie eine Menge Erfahrung und ihre Gewichtsverlagerungen wurden präziser.

Nach einer Weile erklärte Ellen: „Wisst ihr, ich mag das mit den Zahlen nicht. Das ist ja wie in der Schule. Können wir die Skala nicht als blutig, medium und durch bezeichnen?"
Wir probierten das einige Male aus, doch dann wollte Hanna nicht hinter ihrer Schwester zurückstehen. „Können wir das mit Farben machen? Rot ist starker Druck, Weiß mittel und Blau ein wenig."
Es folgten Codewörter, Punkte, Jungennamen. Ich hatte keine Ahnung, worüber sie redeten, aber von Zeit zu Zeit lenkte ich ihre Aufmerksamkeit auf die Kantenbelastung oder andere Aspekte, und die Mädchen erfanden eine neue Skala zum Spielen.
Nach vier oder fünf langen Abfahrten fuhren die beiden merklich besser, und ich fragte, ob sie jetzt eine schwierigere Abfahrt machen wollten.
„Nein, hier macht es gerade so viel Spaß", erklärte Ellen. „Bis nach dem Mittagessen! Guten Appetit!", schrie Hanna, und die beiden rasten zum Lift.

SICH SELBST HERAUSFORDERN

Das Leben hat das Spiel erfunden, um Langeweile zu vertreiben. Ein anderes Mittel gegen Langeweile ist Herausforderung. Jeder Skifahrer hat schon einmal dieses intensive Gefühl der Lebendigkeit erlebt, wenn er einen Weg nimmt, der ein wenig über seine Fähigkeiten hinausgeht. Dieser Energieschub ist die natürliche Antwort auf Herausforderungen und befähigt uns, mehr zu leisten, als wir bisher imstande waren. Solche Höhepunkte erreichen wir gewöhnlich dann, wenn die Herausforderung nicht so groß ist, dass sie Angst oder Entmutigung hervorruft, aber groß genug ist, um unsere Aufmerksamkeit zu fesseln. Wenn wir üben, können wir uns selbst Herausforderungen schaffen – nicht nur, indem wir schwierigere Abfahrten fahren, sondern auch, indem wir mehr Aufmerksamkeit und Können anstreben. Relativ langsam zu fahren und dabei die ganz feinen Körperempfindungen zu spüren, die uns zum Beispiel auf kleine, aber bedeutsame Unterschiede im Kanteneinsatz aufmerksam machen, kann ebenso befriedigend sein, wie mit Höchstgeschwindigkeit über eine Piste zu rasen.

ÜBEN NEBEN DER PISTE: MENTALES SKIFAHREN

Immer mehr Profis und Weltklasseathleten setzen die mentale Fähigkeit der Visualisierung ein, um ihre Konzentration zu erhöhen, Bewegungen zu verinnerlichen und sich auf Wettkämpfe vorzubereiten. Es heißt, der legendäre Footballspieler Jim Brown habe seine Imagination benutzt, um sich jedes seiner Spiele vorzustellen und seine Aktionen zu planen. Seit Jean-Claude Killy haben tausende Skifahrer in der Nacht vor einem Rennen die Strecke visualisiert. Killy hat einmal einem Freund erzählt, dass er bei einer Visualisierungsübung sah, wie er an einem Tor stürzte. Er ging den inneren Film noch einmal durch und stürzte am selben Tor. Dieses Mal fiel ihm jedoch auf, dass er eine zu extreme Linie gewählt hatte, um das Tor anzufahren. So hatte sein Ski sich verkantet. Vor seinem geistigen Auge konnte er die Linie korrigieren und das Tor perfekt fahren. Beim Rennen am nächsten Tag fuhr er genau dieselbe Linie und gewann.
Visualisierung ist nichts Mystisches. Sie ist einfach eine geistige Übung, die Vorstellungs- und Erinnerungsvermögen benutzt. Sie bietet die Möglichkeit, die besten Bilder aus der Datenbank von Selbst 2 abzurufen und so Bewegungsmuster einzuschleifen. Wenn Sie sich eine Bewegung vorstellen, sollte dies so detailliert wie möglich geschehen; spüren Sie tatsächlich die Bewegungen und Berührungen. Sie erfahren jetzt, was Sie fühlen würden, wenn Sie tatsächlich auf den Skiern stehen: die Gewichtsverlagerung in der Kurve, den Wind im Gesicht, die Arbeit der verschiedenen Muskelgruppen. Hören Sie auf das Geräusch Ihrer Skier im Schnee, machen Sie das Bild so lebendig wie möglich. Wenn Sie auf diese Weise üben, nützt das beinahe so viel wie das tatsächliche Training auf der Piste. Studien haben gezeigt, dass sich bei jemandem, der vor seinem Auge eine bestimmte körperliche Aktivität sieht, die entsprechenden Muskeln leicht, aber doch spürbar zusammenziehen und dass Nervenbahnen so gereizt werden, als würde er die Bewegung tatsächlich ausführen.

Allerdings ist Visualisierung kein Ersatz für echtes Üben. Sie ist eine Ergänzung, deren Effizienz von Ihrer Aufmerksamkeit und Ihrer Konzentrationsfähigkeit abhängt.

DIE WERTVOLLSTE ÜBUNG

Training braucht Motivation. Doch wie lässt sich Motivation aufrechterhalten oder gar steigern? Niemand wird versuchen, seinen Skischwung zu vervollkommnen, wenn ihm Skifahren nicht wichtig ist. Wer Inner Game Ski betreibt, weiß, dass Training nicht eine Aneinanderreihung verschiedener Körperübungen ist, sondern dass es auch wichtige innere Fähigkeiten entwickelt. Wer trainiert, übt in erster Linie, seine fokussierte Aufmerksamkeit auf das gegenwärtige Tun zu richten und aus der Erfahrung zu lernen. Das ist für manche Skifahrer der Königsweg zu besseren Leistungen am Berg, doch in Wirklichkeit ist es viel mehr. Fortschritte beim Skifahren nützen einem nur auf der Piste, fokussierte Aufmerksamkeit ist hingegen bei allen menschlichen Aktivitäten vonnöten. Wer Inner Game Ski betreibt, fährt Ski, um seine Wahrnehmung zu verbessern, statt seine Wahrnehmung zu trainieren, um besser Ski zu fahren. Die Kunst der fokussierten Aufmerksamkeit ist wahrscheinlich die praktischste und wertvollste Fähigkeit, die ein Mensch erwerben und entwickeln kann. Um diese Fähigkeit geht es in Kapitel 8.

7 SKITECHNIK ENTDECKEN

Wenn es um das Vermitteln von Fähigkeiten und Fertigkeiten im Sport geht, schwingt ein Pendel zwischen dem freien Spiel der Kreativität und einem Rahmen aus Doktrinen und Lehrmeinungen hin und her. Wie in allen kreativen Prozessen lässt sich die Kreativität steigern, wenn man ihr einen Rahmen vorgibt, der flexibel genug ist, um sich erweitern zu lassen.

Das gilt auch für das Lehren und Erlernen jeglicher Fähigkeit. Wenn die eigene Leistungsfähigkeit in einem Moment zu explodieren scheint, entdeckt der Sportler, dass er vieles viel besser kann, als er je erwartet hatte. Eine solche Entdeckung lässt sich jedoch weder voraussehen noch bewusst steuern. Viel häufiger gibt es keinen plötzlichen Leistungssprung, sondern die Verbesserung geschieht auf einer ganz unterschwelligen Ebene, und der Lernende merkt gar nicht, dass er etwas gelernt hat. Meistens bemerkt man die Leistung erst im Rückblick und fragt sich überrascht: „Wie habe ich das nur gemacht?"

Wenn der Sportler diese hervorragende Leistung wiederholen oder einem anderen Sportler beibringen möchte, versucht er verständlicherweise, das Erlebnis so in Worte zu fassen, dass das Gegenüber es verstehen und wiederholen kann. Doch wer eine Bewegung in Worte fasst, wer sie in ihre Bestandteile zerlegt oder nach Metaphern sucht, um einen Ablauf oder ein Gefühl zu beschreiben, verlässt die Welt von Selbst 2. Die Bewegung wird aus dem unmittelbaren Erleben in den Bereich der Konzepte und Denkmodelle verschoben. Und nun stellt sich die Frage, ob man von dieser Beschreibung wieder zurück zu der gewünschten Bewegung kommt.

Es wäre schön, wenn das so leicht wäre. Es ist einfach, wenn die Bewegung einfach ist. Wenn ich Sie bitte, die rechte Hand zu heben, können Sie das tun, ohne nachzudenken. Ich könnte jedoch auch sagen: „Heben Sie die rechte Hand so, dass Sie den Winkel ihres Handgelenks proportional zur Höhe Ihrer Hand vergrößern. Gleichzeitig schließen Sie Ihre Finger in derselben Geschwindigkeit zur Faust." Das ist lange nicht so kompliziert wie eine Kurve beim Skifahren, aber die Umsetzung der Sprache in Handlung ist dennoch nicht einfach. Wenn Sie noch nicht überzeugt sind, beschreiben Sie jemandem, der noch nie eine Papaya gegessen hat, wie sie schmeckt.

Sprache ist nicht Erfahrung. Erfahrung ist von Haus aus komplex, von reicher Struktur, konkret, vergänglich, individuell und weitgehend subjektiv. Sprache ist dagegen von Haus aus symbolisch und abstrakt, und ihre Fähigkeit, Erfahrungen zu vermitteln, ist sehr beschränkt. Muskeln verstehen weder Deutsch noch irgendeine andere menschliche Sprache. Die Sprache des Fühlens ist eine andere als die, die das Gefühl zu fassen und zu beschreiben versucht – egal, ob wir uns an kunstvollen Metaphern oder an akkuraten biochemischen Formeln versuchen. Natürlich sind sorgfältig formulierte Grundsätze und technische Anleitungen sehr wertvoll für jemanden, der Skifahren lernen will. Doch sie müssen mit starkem Bezug zum Lernenden verfasst sein, denn der muss die Kluft zwischen Sprache und Handlung überbrücken. Es würde den Rahmen dieses Buches sprengen, wenn wir alle Anleitungen ausformulieren wollten, die jemand braucht, um Skifahren zu lernen. Stattdessen möchte ich hier den Unterschied aufzeigen zwischen Anweisungen, die *dem Körper etwas befehlen*, und Beobachtungsaufgaben, die *die Aufmerksamkeit leiten.*

Die vorausgegangenen Kapitel haben gezeigt, was offensichtlich ist: Wachsendes Beherrschen einer jeden Fähigkeit ist eine Funktion von Aufmerksamkeit, Vertrauen und Wahlmöglichkeiten.

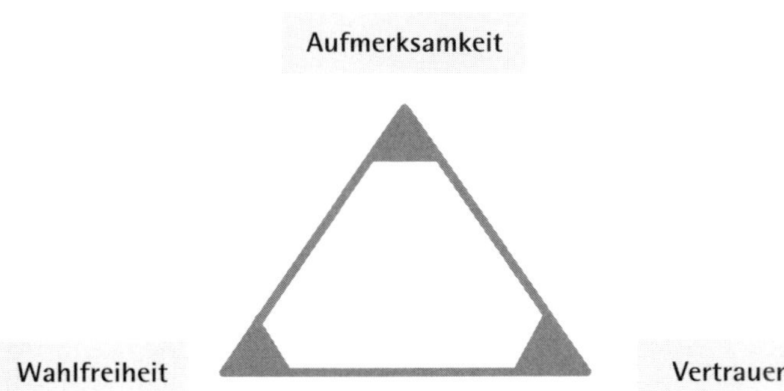

Alles, was diese drei Aspekte stört, behindert den Lernprozess. Wenn Anweisungen und Befehle das Selbstvertrauen eines Sportlers untergraben, kann er nur schlecht lernen. Wenn er gleichzeitig den Druck des Trainers spürt, genau „nach Lehrbuch" zu arbeiten, und ihn nicht verärgern will, stehen seinem Selbst 1 alle Türen offen, um die Lernumgebung mit Angst, Zweifel und Ablenkung zu vergiften. Damit erreichen Anleitungen, die den Sportlern eigentlich helfen sollen, oft das Gegenteil.

„Die Bewegung, um eine Kurve anzusetzen, beginnt an einem Punkt auf Ihrem Fuß – kurz vor der Ferse, aber hinter dem Fußgewölbe." Wenn der Skifahrer diese Anweisung nicht mit einer eigenen Erfahrung verknüpfen kann, geht es in seinem Gehirn drunter und drüber. Dabei ist das genau die gleiche Art Anweisung, die wir uns selbst geben – eine Anweisung, die von dem Teil kommt, der in der Schule gelernt hat, dass er alles „richtig" machen muss. Wahrscheinlich kann sich niemand ganz von dieser Konditionierung lösen, die uns externe „richtige" Modelle vor die Nase setzt, denen wir entsprechen sollen. Darum empfinden die meisten Menschen eine Hassliebe für Anweisungen. Wir lieben sie, weil sie uns eine gewisse Sicherheit vermitteln und wir gewöhnt sind, sie zu befolgen. Gleichzeitig hassen wir sie, denn jetzt kann unsere Leistung gemessen werden, und wir zweifeln an unserem Erfolg. Das Hauptproblem liegt darin, dass die Technik bei diesem Ansatz aus der Erfahrung des Trainers kommt und nicht aus der Erfahrung des Sportlers. Die Herausforderung besteht darin, das technische Wissen anderer zu nutzen, ohne unseren eigenen Prozess der Selbsterfahrung zu sabotieren.

Hier ist die gleiche Anweisung wie oben als „Beobachtungsaufgabe": „Finde heraus, wo der Punkt an deinem Fuß ist, der mit Druck die Kurve einleitet." Hören Sie dabei irgendeine Kritik? Hören Sie die Möglichkeit, dass Sie etwas falsch machen, was Sie korrigieren müssten? Nein. Die Anweisung richtet sich an Ihre Aufmerksamkeit und ist keine Aufforderung, etwas zu ändern. Sie hören nichts als: „Schau dort hin. Was spürst du?" Weil Sie auf diese Frage keine falsche Antwort geben können, kommt auch keine Angst vor einer Bewertung auf. Doch wenn der Skifahrer „dorthin" schaut, fühlt, hört, kann er etwas Wichtiges für seinen Lernprozess entdecken. Wenn Sie exakt wahrnehmen, an welcher Stelle Ihres Fußes der Impuls für eine Kurve entsteht, hilft Ihnen das automatisch, die Stelle zu finden, die im Augenblick für Sie am besten ist, um diesen Impuls auszulösen. Kurz: Die Anweisung weist Sie in die Richtung, wo Sie die für Sie passende Fahrtechnik *entdecken* können. Das ist meiner Meinung nach der Zweck jedes guten Unterrichts: den Schülern zu helfen, mithilfe ihrer eigenen Erfahrung technisch immer besser zu werden. Wenn Trainer oder Sportler ihre Entdeckung anschließend in Worte fassen wollen, gibt es zwischen Sprache und Bewegung eine tragfähige Verbindung. Eine solche Verbindung kann wiederum den Zugriff auf die neu erlernte Fähigkeit erleichtern.

WISSEN ALS ZIEL, AUFMERKSAMKEIT ALS WEG

Früher bedeutete Lehren vor allem, dass Lehrer und Trainer ihr Wissen an Schüler und Sportler weitergaben. Doch inzwischen hat sich gezeigt, dass es beim Lehren vielmehr darum geht, den Lernenden zu helfen, das zu lernen, wozu sie bereit sind. Mit dieser neuen Sichtweise versucht man nicht mehr, Skifahrer in eine Form zu pressen, die „richtig Ski fahren" bedeutet. Stattdessen wollen Trainer und Skilehrer dem Skifahrer zuhören und zusehen und herausfinden, welche Erfahrungen er gerade macht. Der Skilehrer interessiert sich stärker dafür, was der Skischüler erlebt, und nicht dafür, ob er zu einem bestimmten Zeitpunkt in einer bestimmten Art und Weise fahren kann. Warum ist es so wichtig zu wissen, was der Skifahrer erlebt, insbesondere wenn das, was er erlebt, eher „falsch" ist? Weil *alle Veränderungen, die wir später „Lernen" nennen, nur dann stattfinden, wenn man seine Aufmerksamkeit klar und direkt auf das richtet, was im Moment geschieht.* Natürlich kann ein Skilehrer sehen, was der Körper des Skifahrers tut, und kann das mit der Idealtechnik vergleichen. Doch ohne nachzufragen wird er nicht feststellen, was der Skischüler während eines Bewegungsablaufes machen will und dabei wahrnimmt. Genau hier ist aber der kritische Punkt beim Lernen. Wenn der Trainer den Skischüler nach Gleichgewicht, Kanten, Druckpunkten, Gelände, Bewegung, Rhythmus usw. fragt, wird er automatisch aufmerksamer für die Faktoren, die seine Entwicklung fördern.

Welche Rolle spielt bei diesem Modell das größere Wissen und die Erfahrung eines Lehrers? Wer einmal verstanden hat, dass selbst exaktes Wissen und Können dem Lernen im Weg stehen können, versteht auch besser, in welcher Weise sie nützlich sind. Theoretisch kann jeder Skifahrer, der die Grundsätze des Erfahrungslernens kennt, sich alles selbst beibringen, was er zum Skifahren braucht. Doch mit einem guten, fachkundigen Coach wird das Lernen viel einfacher.

Ein solcher Coach verwendet sein technisches Wissen nämlich anders als ein traditioneller Skilehrer. Weil er weiß, dass keine Anweisung der Welt die eigene Erfahrung ersetzen kann, gibt er seine Anweisungen nicht mehr in Form von *Befehlen*, sondern in Form von *Hinweisen* auf ein gewünschtes Ergebnis. Ein Hinweis auf ein Ziel ist etwas völlig anderes als das Kommando, etwas auf eine bestimmte Art und Weise zu tun. Er tut nicht so, als gäbe es „richtig" und „falsch". Er ist vielmehr ein aufmerksamer Wegbereiter, der ermöglicht, etwas für sich selbst zu entdecken. Gerade weil dieser Hinweis nicht ganz exakt ist, erhält der Skifahrer Raum, um herauszufinden, was für ihn selbst funktioniert, ohne in ein irgendwie geartetes Modell gepresst zu werden.

Wer nur forscht, ohne zu ahnen, was er sucht, braucht sehr lange, bis er zu einem sinnvollen Ergebnis kommt. Wenn ein Trainer sein technisches Wissen aber als ungefähre Zieldefinition nutzt, bekommt der Skischüler ein Gefühl für Richtung und Fokus. So kann es zum Beispiel unnötig lange dauern, bis der Skifahrer merkt, dass er den Talski belasten muss, statt sich instinktiv nach hinten zu lehnen. Eine Aufmerksamkeitsaufgabe im Stil von „überprüfe mal, wie sich dein Gewicht auf Berg- und Talski verteilt" kann – ergänzt um passende Folgefragen – diesen Prozess verkürzen. Mit den folgenden Anweisungen könnte er sogar noch schneller zum Ziel kommen: „Wenn du den Talski stärker belastest als den Bergski, kannst du besser das Gleichgewicht halten und leichter Kurven fahren. Könntest du einmal herausfinden, welchen Ski du wie stark belastest? Du kannst auch unterschiedliche Belastungen ausprobieren und feststellen, was für dich am besten klappt." In diesem Fall sorgt der Skischüler sich nicht um richtig oder falsch – er soll ja nur ausprobieren. Auf jedem weiteren Schritt auf seinem Weg achtet er nun auf seine Erfahrungen und sucht *sein* Ziel. Der Skilehrer beobachtet den Lernprozess und kann Empfehlungen abgeben, um stärker zu sehen, was passiert, wenn der Schüler das Gewicht anders verteilt. Diese Empfehlungen sind weniger darauf gerichtet, dass der Schüler es richtig macht, sondern sollen ihn in seinem eigenen Entdeckungsprozess unterstützen. Der Schüler bezieht sich auf das, was er selbst erlebt, und merkt immer besser, was klappt und was nicht. Der Lehrer hilft ihm, immer unabhängiger zu werden.

Warum ist es ein Ziel, dass Schüler unabhängig werden und ihr Lernen selbst steuern können? Weil ohnehin jeder Schüler sein eigenes Lernen steuert. Der Coach ist nur dazu da, das Lernen zu *erleichtern,* und muss die Lernumgebung, die er für den Lernenden geschaffen hat, sorgfältig überwachen. Kurz: Der Lehrer sollte seinen Fokus nicht auf das Lehren richten. Das Ziel ist Lernen. Wer in der Lage ist, seine Schüler kenntnisreich beim Entwickeln ihrer Fähigkeiten zu unterstützen und ihre Begeisterung für das Lernen zu wecken, der nützt nicht nur seinen Schülern, sondern steigert auch die eigene Lebensqualität.

SO WIRD AJS EINER TECHNISCHEN ANWEISUNG EINE BEOBACHTUNGS-AUFGABE

Tatsächlich kann man technische Anweisungen - von einem Instruktor, aus Büchern oder Artikeln - nutzen, ohne Selbst 1 einzuladen, Zweifel und Urteile zu äußern. Damit das gelingt, muss man die technischen Anweisungen und Kommandos in Beobachtungsaufgaben übersetzen. Angenommen, die Anweisung lautet: „X Prozent Ihres Gewichts sollte auf dem Talski sein." Sie dürfen nach diesem Hinweis sicher sein, dass es wichtig ist, die optimale Gewichtsverteilung herauszufinden, und dass es sich lohnt, Ihre Aufmerksamkeit darauf zu richten. Sie können sich entscheiden zu beobachten, wie sich Ihr Gewicht im Verlauf einer Kurve auf beide Skier verteilt. Da Sie sogar annehmen können, dass Sie am Ende der Übung den Talski stärker belasten sollen, können Sie Ihr Beobachtungsfeld noch einschränken. Während Sie die nächsten Kurven fahren, bemerken Sie, wie sich Ihr Gewicht vom einen Ski auf den anderen verlagert, wann das geschieht und wie stark. Sie tun das, ohne dass Sie *versuchen*, das zu ändern, was Sie gerade tun. Sie vertrauen einfach darauf, dass Ihr Selbst 2 sich in Richtung dessen bewegt, was sich am besten anfühlt und funktioniert. Weil Sie nicht im Leistungsmodus, sondern im Beobachtungsmodus sind, erhalten Sie viel mehr Feedback von Ihrer Erfahrung und lernen automatisch auf natürliche Weise. Selbst wenn Ihr Skilehrer oder Ihr Selbst 1 Sie loben, weil Sie die Anweisung so gut umgesetzt haben, und selbst ein paar Lorbeeren einheimsen wollen, wissen Sie genau, wie Sie tatsächlich gelernt haben, und können die Lorbeeren dem geben, dem sie zustehen.

Wenn Sie das Prinzip einmal verstanden haben, ist es nicht schwer, jegliche technische Anweisung in einen hilfreichen Aufmerksamkeitshinweis zu übersetzen. Immer dient die technische Anweisung dazu, die gewünschte Richtung, den Bewegungsablauf oder das Ziel zu beschreiben, während Aufmerksamkeit und Vertrauen tatsächlich bei der Suche nach *Ihrer* besten Lösung im Fokus stehen.

8 ENTSPANNTE KONZENTRATION: DIE MEISTERSCHAFT

Als Kind habe ich ständig gehört, ich solle aufmerksam sein und meine Gedanken nicht abschweifen lassen. Coaches, Lehrer, Vater und Mutter hatten diese Ermahnung immer dann parat, wenn ich schwache Leistungen brachte. Wenn ich auf die Nase fiel, hörte ich „schau, wo du hintrittst"; wenn ich in der Klasse keine Antwort wusste, hieß es, hör auf zu träumen. Ich habe mich furchtbar angestrengt aufzupassen, aber irgendwie waren das Mädchen mit den langen Zöpfen in der dritten Reihe und der berühmte Baseballstar viel interessanter als die Hauptstadt von Ecuador oder die Quadratwurzel aus 625.

Also stand ich kurz darauf im Büro des Direktors: „Junger Freund, du musst lernen, dich zu konzentrieren, oder du erreichst im Leben nichts." Mir war das ziemlich egal – mit knapp zehn Jahren denkt man noch nicht an den Ernst des Lebens. Für mich war es wichtiger, im Park mit meinen Freunden zu spielen – also hörte ich nicht hin, was die Erwachsenen sagten.

Trotzdem drang die Botschaft, mich konzentrieren zu müssen, um gute Leistungen zu erbringen, zu mir durch. Wenn ich zum Beispiel schlecht Ski fahre, dann weiß ich, dass ich nicht wirklich bei der Sache bin. Ich weiß, dass es ein schrecklicher Tag wird, wenn ich nicht aufpasse, und deshalb befehle ich mir, mich zu konzentrieren. Nach einer Weile wird daraus: „Jetzt konzentrier dich doch, verflixt noch mal!" Aber der Versuch, Konzentration zu erzwingen, führt nur zu hochgezogenen Augenbrauen, zusammengebissenen Zähnen und verspannten Schultern. In diesem

Zustand ist es schwer, meine Aufmerksamkeit zu fokussieren, denn ich konzentriere mich auf den *Versuch, mich zu konzentrieren,* und nicht auf mein Skifahren. Folglich spüre ich meinen Körper auf den Skiern nur unvollkommen und sehe die Piste undeutlich. Ich habe eine Ablenkung durch eine andere ersetzt, Anspannung und Steifheit haben sich verschlimmert.

WAS IST KONZENTRATION?

Wenn sich Konzentration schmerzhaft, schwierig oder anstrengend anfühlt, ist es keine Konzentration mehr. Beobachten Sie einmal Kinder, die in ihr Spiel vertieft sind. Dort sehen Sie schöne Beispiele echter Konzentration. Der Geist des Kindes ist entspannt und gleichzeitig voll engagiert. Die Aufmerksamkeit des Kindes ist exakt auf sein Tun fokussiert, und selbst wenn es nicht lange bei einer Sache bleibt, wechselt es in einem ununterbrochenen Flow-Zustand von einer Tätigkeit zur nächsten. Oder betrachten Sie eine Katze vor einem Mauseloch. Ihre Aufmerksamkeit ist für lange Zeit aufs Höchste gespannt, der Körper in einer Art Schwebezustand, bis sie schließlich angreift. Muss die Katze sich vorbeten, „ich muss mich konzentrieren, ich muss mich konzentrieren, ich muss mich konzentrieren", um fokussiert zu bleiben? Wir können die einfache Lektion entspannter Konzentration von Kindern und Tieren lernen, genau wie wir uns den natürlichen Lernprozess zu eigen gemacht haben.

Menschen können sich dann am besten konzentrieren, wenn sie sich nicht darum bemühen, sondern einfach an dem interessiert sind, was gerade geschieht. Während eines spannenden Films muss sich niemand daran erinnern, auf die Leinwand zu schauen.

Konzentration folgt unserem Interesse. Wo unser Interesse ist, da ist auch unsere Aufmerksamkeit. Wenn das Interesse stark genug ist, folgt die Konzentration automatisch. Wenn das Interesse gering ist, lassen wir uns leicht ablenken. Wenn jemand an einem Ort ist, wo er nicht sein will, so ist nur sein Körper da, und das Denken schweift irgendwohin ab. Sie haben sicher schon einmal erlebt, dass einer ihrer Gesprächspartner mit seinen Gedanken meilenweit weg

war, obwohl er zur rechten Zeit lächelte und nickte. Wahrscheinlich sind Sie auch selbst schon einmal ein solcher Gesprächspartner gewesen: 10 % der Aufmerksamkeit gehört der aktuellen Situation, der Rest ist woanders.
Die Fähigkeit, der Gegenwart in Gedanken zu entfliehen, ist eine weitere Eigenschaft, die allein den Menschen auszeichnet. Vielleicht ist es ja die gleiche Fähigkeit wie die, die unsere Entwicklung und unser Wachstum stört. Babys und Tiere gehen niemals auf Gedankenreisen ins Nicht-Hier und Nicht-Jetzt. Doch Erwachsene können in Gedanken gar zu schnell die Gegenwart verlassen und im Handumdrehen an irgendeinen Punkt des Universums reisen.
In einem früheren Kapitel haben wir Aufmerksamkeit mit Licht verglichen. Aufmerksam sein bedeutet, das Licht zu fokussieren, um weiter, tiefer oder schärfer in eine bestimmte Richtung sehen zu können. Wenn wir uns konzentrieren, ist es, als würden wir das Licht einer gleichmäßig in alle Richtungen leuchtenden 1000-Watt-Birne zu einem einzigen Lichtstrahl bündeln und auf ein Objekt richten. Jetzt sehen wir nicht mehr die Umgebung, sondern unsere Aufmerksamkeit richtet sich vollständig auf das angestrahlte Objekt. Konzentration fokussiert das Licht unserer Aufmerksamkeit und macht es zu einem scharfen „Laserstrahl".
Wenn unsere Aufmerksamkeit nachlässt, wird auch das Licht diffus. Uns stehen zwar 1000 Watt zur Verfügung, um auszuleuchten, was mit unserem Körper und den Skiern auf dem Schnee geschieht. Doch manchmal ist ein Teil von uns mit der Zukunft – wie gut wir dieses Mal fahren, ob wir die schwierige Stelle meistern oder uns wieder verletzen – oder unseren Fahrfehlern der Vergangenheit beschäftigt und ein anderer Teil ist noch beim Geschäft oder zu Hause. So steht uns nur wenig Aufmerksamkeit für unser augenblickliches Skifahren zur Verfügung, und wir verpassen leicht Einzelheiten des Geländes oder die Nachrichten, die unser Körper uns sendet.

SO WICHTIG IST KONZENTRATION

Die Übungen zum Inner Game Ski, die Sie in diesem Buch bis jetzt kennengelernt haben, zeigen, wie man das Prinzip der entspannten Konzentration anwenden kann. Doch obwohl jedermann zu wissen scheint, wie wichtig die entspannte Konzentration für Höchstleistungen ist, wird sie im Lernprozess fast nicht beachtet. Lernen ist eine Funktion des Gedächtnisses. Wenn Selbst 2 sich nicht automatisch an das erinnern würde, was wir beim Skifahren erlebt haben, wäre jede Abfahrt etwas vollkommen Neues. Die Bilder, die Selbst 2 in seiner Datenbank gespeichert hat, sind unabdingbar nötig, um gut Ski zu fahren. Wie sieht die Datenbank eines hervorragenden Skifahrers aus? Sie ist vollgepackt mit Bildern: mit Dingen, die er gesehen, gehört und gespürt hat. Um jedoch gut Ski zu fahren, ist nicht die Quantität der Bilder ausschlaggebend, sondern vor allem deren Qualität. Wenn jemand zum Beispiel permanent Angst hat, sind seine gespeicherten Bilder unscharf und daher nutzlos. Wenn sich jemand langweilt und Übungen ohne Interesse abspult, sammelt er eine Menge langweiliger Bilder ohne Kontraste. Angstvolles Skifahren ergibt verwackelte Bilder, gelangweiltes Skifahren unterbelichtete Bilder, die nicht klar genug sind, um Fortschritte zu bringen. Wenn die Kamera dagegen ruhig geführt wird und genug Licht vorhanden ist, entstehen klare Bilder, aus denen Selbst 2 präzise Anweisungen für künftige Fahrten herausfiltern kann. Selbst 2 lernt mehr aus dem scharfen Bild eines Fehlers als aus verschwommenen Bildern einer guten Abfahrt. Exzellentes Skifahren ist das Ergebnis einer großen Zahl hochwertiger Bilder.

Doch das ist nicht alles. Entspannte Konzentration schafft zugleich tiefe Befriedigung. Wer sich konzentrieren kann, kann auch genießen. Wenn wir uns erlauben, ganz in einer Tätigkeit zu versinken, verspüren wir Freude und Befriedigung. Selbst die einfachsten, anspruchslosesten Tätigkeiten werden zum Vergnügen, wenn wir mit ganzem Herzen dabei sind. Vielleicht ist das der Grund dafür, dass Kinder so oft lachen. Wenn wir ganz versunken sind, sind unsere Gedanken ruhig und wollen nicht abschweifen. Wenn die Ruhelosigkeit vergeht, können wir genießen; wenn wir unaufmerksam sind, fühlen wir uns unwohl.

WER STEUERT UNSERE AUFMERKSAMKEIT?

Wer oder was entscheidet, worauf wir unsere Aufmerksamkeit richten? Können Sie bewusst beschließen, Ihre Aufmerksamkeit auf den gegenwärtigen Moment zu richten? Können Sie beschließen, dieses Buch zu lesen oder Ski zu fahren, und Ihre Gedanken gehorchen mit Begeisterung? Oder scheinen die Gedanken ihren eigenen Willen zu haben? Oft fühlt es sich so an, als sei unsere Aufmerksamkeit ein Sklave der Launen und der häufig wechselnden, widersprüchlichen Wünsche unseres Selbst 1. Wer kann seinem Geist befehlen, mit dem Denken aufzuhören und sich auf die Erfahrung des Augenblicks zu fokussieren? Bleibt Ihre Aufmerksamkeit so lange beim Tennisball, bei den Kanten Ihrer Skier, bei einem Problem oder einem Buch, wie Sie es wollen? Natürlich kann jeder von uns diesen Befehl geben. Aber wir tun es selten, weil wir genau wissen, dass unser Geist nicht gehorchen wird, und dann müssten wir uns der Tatsache stellen, dass wir unsere Aufmerksamkeit nicht im Griff haben.

Entspannte Konzentration zu üben, ist der Versuch, unsere wahre menschliche Freiheit zurückzugewinnen: die Freiheit, das zu erleben, was wir selbst als befriedigend, schön und wahr empfinden. Wenn wir üben, uns auf ein Ziel unserer Wahl zu konzentrieren, gewinnen wir diese Freiheit und die dazu gehörende Kraft zurück. In dem Maße, wie jemand die Fähigkeit zur Konzentration verliert, wächst seine Unfähigkeit, etwas zu Ende zu führen, zu genießen und, vor allem, zu lieben.

Wir lieben das, worauf wir uns konzentrieren, und wir konzentrieren uns auf das, was wir lieben. Wer mit Leidenschaft Ski fährt, hat keine Schwierigkeiten, sich zu konzentrieren, zu üben und Leistung zu erbringen. Wer jedoch aus anderen Gründen in die Berge fährt, zum Beispiel, um sich oder anderen etwas zu beweisen, ist eher in sein eigenes Image verliebt als ins Skifahren und lässt sich entsprechend leicht ablenken.

SICH FÜR DIE KONZENTRATION ENTSCHEIDEN

Konzentration ist eine Disziplin, die wir zu einem bestimmten Zweck ausüben – auch wenn wir uns dafür einschränken müssen. Wir sind das gewohnt: So geben wir zum Beispiel einen großen Teil unserer Bewegungsfreiheit auf, um neun Stunden lang von Frankfurt nach New York zu fliegen, doch auf diese Weise gelangen wir relativ schnell an unser Ziel. Genauso ist es, wenn wir uns konzentrieren: Wir opfern die Freiheit unserer Gedanken, in die Vergangenheit oder Zukunft zu reisen. Wenn wir uns entscheiden, Ski zu fahren, entscheiden wir uns gegen ein Buch, gegen unser Geschäft, gegen die Karibik – weil wir das erleben wollen, was wir nur beim Skifahren erleben können. Jedes Mal, wenn wir zu einer Tätigkeit oder einem Menschen Ja sagen, sagen wir gleichzeitig Nein zu vielen anderen. Sich mit voller Absicht für einen Menschen oder eine Sache zu entscheiden, ist daher eine tief greifende Anerkennung. Wer sich dagegen nur auf die körperliche Anwesenheit beschränkt, beleidigt nicht nur die andere Person oder die Tätigkeit, sondern auch sich selbst.

Wenn Sie sich entschieden haben, Ski zu fahren, und oben auf der Piste stehen, können Sie wiederum wählen. Wenn Sie den Wunsch haben, vor allem besser in Form zu kommen, fokussieren Sie Ihre Aufmerksamkeit am besten auf Ihren Körper und beachten das Feedback, das Sie spüren. Wenn Sie Ängste überwinden möchten, konzentrieren Sie sich vor allem auf die Piste. Und wenn es Ihnen vor allem darum geht, Spaß zu haben und sich gehen zu lassen, dann können Sie sich entscheiden, Ihr Selbst 1 ganz loszulassen und sich einfach der Abfahrt hinzugeben. Es gibt unendlich viele Wahlmöglichkeiten, und es ist an Ihnen, sich für eine zu entscheiden. Andernfalls schaltet Ihr Selbst 1 sich mit hundert Ideen ein, die Sie gleichzeitig verwirklichen sollen: „Ich muss diese Kurve bis heute Abend perfekt können ... Ich sollte auf meinen Stockeinsatz achten ... Ob hier wohl viele Leute fahren? ... Ich muss mich stärker konzentrieren ... Ich könnte doch entspannter fahren ... Der Skilehrer hat gesagt, ich soll die Knie mehr nach innen nehmen ... Ich glaube, ich denke zu viel." Wenn Sie sich nicht entscheiden, sich zu konzentrieren, macht Selbst 1 Sie verrückt mit all seinen Gedanken über Inner Game und äußere Anforderungen und verstreut Ihre Energie in alle Richtungen.

Ihre Entscheidung, sich zu konzentrieren, bedeutet, dass Sie üben, Ihre Gedanken zu disziplinieren und Ihre Aufmerksamkeit auf ein Ziel zu richten. Sie brauchen sich nicht den ganzen Tag lang auf ein und dieselbe Sache zu konzentrieren, aber es empfiehlt sich, bei jedem Ziel eine gewisse Zeit zu verweilen, und zwar mindestens so lange, bis es Ihnen keinen Nutzen mehr bringt oder Ihr Interesse nachlässt. Den Fokus diszipliniert aufrechtzuerhalten, ist ein wichtiger Teil des Konzentrationsprozesses, doch es funktioniert nur dann, wenn Sie sich nicht dazu zwingen.

Stellen Sie sich vor, Sie haben beschlossen, sich während zwei oder drei Abfahrten auf Ihren Kanteneinsatz zu konzentrieren. Doch dann wandern Ihre Gedanken zu Ihren Knien, zur letzten Liftfahrt oder zu anderen Ereignissen. Ärgern Sie sich nicht darüber, sondern bringen Sie Ihre Konzentration sanft wieder zurück zu den Kanten. Ihr Denken zu trainieren ist, als würden Sie einen Tiger dressieren: Wenn Sie ihn dafür bestrafen, dass er nicht gehorcht, wendet er sich gegen Sie. Sanfte, aber bestimmte Beeinflussung wirkt besser. Wenn Sie regelmäßig üben, gewinnen Sie mehr und mehr Kontrolle über Ihren Geist. Dieser Prozess ist langsam und stetig, aber er lohnt sich.

Die Gedanken ablenken

TRAINIEREN SIE SELBST

Wer beginnen möchte, seine Gedanken zu kontrollieren, sollte sich zunächst vergegenwärtigen, dass Konzentration ein *entspannter* Gemütszustand ist. Stellen Sie sich einen Skifahrer vor, dem nach einigen schlechten Abfahrten auffällt, dass er sich nicht genug konzentriert, um wirklich gut zu fahren. Er beschließt, sich stärker zu konzentrieren, und versucht, die Konzentration zu erzwingen. Doch er fährt schlechter und schlechter und fühlt sich nach kurzer Zeit angespannt und frustriert. Schließlich gibt er auf und flucht: „Zum Teufel mit der Konzentration, ich bin schließlich hierhergekommen, um einen schönen Tag zu haben." Er stößt sich ab, pfeift ein Liedchen, vergisst all seine Probleme ... und fährt prächtig. Daraus schließt er messerscharf, dass er besser fährt, wenn er sich nicht konzentriert.

Obwohl viele von uns unter ähnlichen Umständen den gleichen Schluss ziehen mögen, ist er falsch. Wir fahren nicht besser, wenn wir uns nicht konzentrieren, aber wir fahren besser, wenn wir nicht versuchen, uns zu konzentrieren. Mit dem Liedchen auf den Lippen hat unser Skifahrer seine wandernden Gedanken beschäftigt, seine Spannung gelöst und sein Selbst 2 befreit.

Viele Menschen beginnen unbewusst zu singen oder zu summen, um ihren Geist zu entspannen und im Körper einen passenden Rhythmus zu erzeugen. In einer Inner Game-Skigruppe, die Carl Wilgus aus Sun Valley leitete, bat er uns, beim Fahren ein Lied zu singen. Aus irgendeinem Grund wählte ich „Tea for Two" und fuhr auf direktem Weg ins Tal, als würde ich zu der alten Melodie tanzen. Bei „Tea" schwangen meine Skier zur einen Seiten, bei „Two" zur anderen, ohne dass ich darüber nachdachte. Ich fuhr, als hätte ich nichts mit allem zu tun. Es war eine tolle Fahrt und ich bewegte mich eleganter und besser als je zuvor. Als ich anhielt, um den anderen zuzusehen, hatte ich das Gefühl, bei jedem „sein" Lied am Fahrstil ablesen zu können. Carl war im Boogie-Stil hinuntergefahren – zu „Eight Days a Week" von den Beatles. Eine Frau, die fast in Trance zu sein schien, hatte „Moon River" gesummt. Alle hatten so viel Spaß an der Übung, dass wir die Lieder untereinander tauschten und den Rest der Abfahrt hinuntertanzten.

Dieser konzentrierte Zustand, den wir „die Gedanken bei der Musik parken" nennen könnten, ähnelt dem des Schäfchenzählens vor dem Einschlafen. Die Übung lenkt das Denken ab und lullt es mit einem Rhythmus ein, bis man schläft. Wenn sich der Geist entspannt, verschwinden die sorgenvollen Gedanken, die uns wach gehalten oder unser Skifahren gestört haben.

Neben der Musik gibt es noch viele andere Möglichkeiten, Selbst 1 auf harmlose Weise abzulenken und gleichzeitig

Fähigkeiten zu wecken, die uns beim Skifahren unterstützen. So kann es effektiv und lustvoll sein, uns vorzustellen, wir wären ein Tier. In einer Gruppe kreierten wir einen ganzen Zoo. Ich war ein Löwe, andere waren Schlange, Leopard, Gazelle, Adler und sogar Streifenhörnchen. Wir brüllten, fauchten, quiekten und jeder fuhr so, wie das Tier war, das er sich gewählt hatte. Ich war aggressiv, die Schlange schlitterte, der Leopard graziös, die Gazelle elegant, der Adler glitt ... nur das Streifenhörnchen bewegte sich unbeschreiblich.

Viele Menschen glauben, man müsse ernst sein, um die Gedanken zu beruhigen, doch in Wahrheit ist Spaß sehr förderlich für die Konzentration. Wenn der Geist sich amüsiert, ist er nicht so leicht abzulenken.

Bei einer anderen Übung wähle ich manchmal ein Wort, das eine bestimmte Qualität ausdrückt, die ich mir für die nächste Abfahrt wünsche. Wenn ich Wörter wie „aggressiv", „graziös", „leicht" oder „geschmeidig" wieder und wieder vor mich hin sage, spiegelt mein Körper diese Qualität in seinen Bewegungen wider. Auch hier besteht der Trick darin, Selbst 1 mit dem Rhythmus und der Bedeutung des Wortes zu beschäftigen. Dabei sollten die Musik oder das Stichwort so gewählt werden, dass sie wenig bewusste Anstrengung erfordern. Es geht nur darum, Selbst 1 zu beschäftigen, damit sich der größte Teil unserer Aufmerksamkeit automatisch dem Skifahren widmen kann.

Unmittelbare Konzentration

Konzentrationsübungen haben zwei Grundfunktionen. Die eine ist, Störungen durch Selbst 1 zu verringern, die andere ist, unsere Aufmerksamkeit zu fokussieren. „Die Gedanken ablenken" beschäftigt zwar Selbst 1, aber es steigert nicht zwingend das Feedback an Selbst 2. Wir können beide Ziele gleichzeitig erreichen, wenn wir uns auf etwas konzentrieren, das *tatsächlich passiert* und das unmittelbar zum Skifahren gehört. Das kann alles sein, was beteiligt ist, wenn Sie Ski fahren: Ihr Körper, das Gelände, Geräusche, Knie, Schienbeine, Arme, Fußgelenke, Skier, Kanten, Schnee. Alles, was Sie beim Fahren sehen, spüren oder hören können, ist ein passendes Konzentrationsobjekt.

Füße

Einer der wichtigsten, jedoch häufig vernachlässigten Bereiche, auf die Sie sich beim Skifahren konzentrieren können, sind Ihre Füße. Sie sind mit den Skiern verbunden und beeinflussen jede Ihrer Bewegungen. „Ein guter Rennfahrer", schreibt Skitrainer Warren Witherell in „How the Racers Ski", „konzentriert sich voll und ganz auf seine Kanten im Schnee. So kann er die Beschaffenheit des Schnees und die Form des Geländes spüren und er fühlt die Form und Biegung seiner Skier."

Ein Skitrainer in Sun Valley sagte mir einmal, er habe das Gefühl, jeden Zentimeter seiner Skier spüren zu können, wenn er den Berg hinunterfährt. „Es fühlt sich an, als seien die Skier ein Teil von mir." Um eine derartige Empfindsamkeit zu entwickeln, muss man die Aufmerksamkeit für die Füße erhöhen und jeden Teil des Fußes detailliert wahrnehmen. Wenn Sie das nächste Mal Ski fahren, konzentrieren Sie sich auf Ihre Fußsohlen. Fühlen Sie, wie Ihr Gewicht verteilt ist – ist es mehr auf den Ballen, auf den Fersen, innen oder außen? Achten Sie darauf, wie sich das Gewicht beim Seitenwechsel verlagert, wie sich der Druck in einer Kurve verändert. Damit Ihre Gedanken dabei bleiben, rufen Sie laut, wo Sie den Druck gerade spüren, oder bewerten Sie die Stärke des Drucks auf einer Skala von eins bis zehn. Solche Details können Ihren Geist absorbieren und Sie für das Feedback Ihres Körpers empfänglicher machen. Aber Vorsicht: Verschwenden Sie nicht so viele Gedanken darauf, ob die Zahlen, die Sie rufen, präzise sind – rufen Sie sie einfach, ohne zu denken.

Nach einer Weile dehnt sich die Aufmerksamkeit Ihrer Füße auf Ihre Skier aus, und Sie sind in der Lage, deren Krümmung, feine Änderungen im Gelände und den Einschnitt der Kanten im Schnee spüren. Können Sie sich vorstellen, wie gut Sie Ski fahren würden, wenn Sie sich Ihrer Skier ebenso bewusst wären und sie ebenso gut steuern könnten wie Ihre

Füße? Oder noch besser: Wenn Sie Füße und Skier so gut steuern könnten wie Ihre Hände? Stellen Sie sich vor, welche präzisen, eleganten Kurven Sie mit so viel Aufmerksamkeit fahren könnten.
Die Aufmerksamkeit in Ihre Füße zu lenken, können Sie auch im Alltag üben, abseits des Berges. Beobachten Sie, wie Ihr Fuß nach einem Schritt landet oder wo der stärkste Druck beim Gehen oder Laufen ist. Viele Skifahrer verlieren diese Aufmerksamkeit, weil ihre Stiefel zu fest oder ihre Füße kalt sind. Sie ziehen die Zehen ein. Das ist nicht nur unbequem und schnürt das Gefühl ab, es führt auch zu Verspannungen in den Fußgelenken, Schienbeinen und Waden, sodass weiche, flüssige Bewegungen unmöglich werden. Mit verkrampften Beinen ist es schmerzhaft, sich nach vorn zu lehnen, sodass wir uns lieber zurücklehnen – eine gefährliche Angewohnheit, die mehr Schmerzen verursachen kann als kalte Zehen. Sie können die Empfindsamkeit Ihrer Füße durch folgende Übung trainieren: Ziehen Sie Schuhe und Strümpfe aus und setzen Sie Ihren rechten Fuß auf einen Tennisball. Lassen Sie den Ball nun unter dem Fuß hin und her rollen, sodass er mit jedem Teil Ihres Fußes gut in Kontakt kommt. Dann stellen Sie sich auf beide Füße und vergleichen das Gefühl im linken und rechten Fuß. Die meisten Menschen beschreiben den rechten Fuß als entspannter, mit besserem Kontakt zum Boden und empfindsamer.

Aus der eigenen Mitte heraus fahren

Wenn Selbst 1 am Ruder ist, ist unsere Aufmerksamkeit in der Regel in unserem Kopf. Wenn wir zu viel denken, werden wir im wahrsten Sinne des Wortes kopflastig – so, als laste zusätzliches Gewicht auf unseren Schultern. Deshalb können wir leichter die Balance verlieren. Wenn wir uns hingegen im Zustand entspannter Konzentration frei und leicht bewegen, befindet sich unser natürlicher Schwerpunkt kurz unterhalb des Nabels. Wenn Sie große Athleten oder Tänzer beobachten, sehen Sie, dass deren Bewegungen genau aus diesem Bereich zu kommen scheinen.

Um zu zeigen, wie notwendig es ist, sich zu zentrieren, gab ich einer Skischulgruppe einmal drei technische Anweisungen gleichzeitig und bat sie, diese so gut wie möglich umzusetzen. Die Teilnehmer bemühten sich sehr, was zur Folge hatte, dass sie ihren Fokus vor allem auf das Denken richteten. Vor der nächsten Abfahrt bat ich sie, sich nun bewusst auf ihre Hüften zu konzentrieren. Alle waren sich einig: Als sie sich auf das Denken konzentriert hatten, konnte keiner seine Füße oder Skier spüren, ihre Köpfe waren vorgestreckt, als wollten sie den Körper ziehen. Alle fühlten sich instabil, steif und wie aufgezogen. Als sie ihre Aufmerksamkeit jedoch auf ihre Körpermitte lenken sollten, blieb ihr Oberkörper entspannt und sie konnten weich, geschmeidig und mühelos fahren. Wer zentriert ist, gewinnt an Stabilität und hat besseren Kontakt mit dem Schnee, was wiederum das kontrollierte Fahren erleichtert.
Ein Skilehrer aus Lake Eldora empfiehlt seinen Schülern sich vorzustellen, dass sie im Dunkeln fahren. Nur ein Scheinwerfer an ihrer Gürtelschnalle würde den Weg vor ihnen beleuchten. Diese kleine Übung fokussiert die Konzentration und führt dazu, dass die Bewegungen im Schwerpunkt des Skifahrers beginnen und nicht bei seinem Kopf oder den Schultern.

Sehen

Um hervorragend Ski zu fahren, muss man auf das reagieren können, was man aufgrund seiner Bewegungen spürt, doch fast ebenso wichtig ist es, auf das zu reagieren, was man sieht. Unsere Augen arbeiten wie Scanner, die uns ununterbrochen über kleinste Veränderungen im Gefälle der Piste sowie in der Struktur und Höhe des Schnees informieren. Solange Selbst 1 keine Informationen ausblendet, indem es Urteile und Wertungen abgibt, kann der Körper intuitiv auf alles reagieren, was er sieht.
Um Ihre bildhafte Wahrnehmung zu verbessern, können Sie sich vorstellen, die Piste sei eine riesige Leinwand und die Skier seien Pinsel. Jede Abfahrt ist ein langer Pinselstrich,

jede Kurve ein Bogen. Sie schauen vor und während der Fahrt auf die Piste und stellen sich vor, wie ein Maler dieses Gelände abbilden würde: mit langen Strichen oder kurzen, mit weichen oder verschnörkelten. Dann lassen Sie Ihre Augen das Bild nachmalen, als würden Sie den Pinsel führen. Gehen Sie davon aus, dass Sie das Gelände gerade erst kennenlernen, denn so werden Sie aufmerksamer hinschauen. Trainieren Sie Ihre visuelle Konzentrationsfähigkeit also, indem Sie sich vorstellen, Sie fahren zum ersten Mal diesen Hang hinunter.

Wenn Sie nächstes Mal auf Skiern stehen, beobachten Sie, wie weit ihr Blick normalerweise nach vorn geht. Beachten Sie den Abstand zwischen den Skispitzen und dem Punkt, auf den Sie beim Fahren schauen. Viele Skifahrer sind so auf die Position ihrer Skier fixiert, dass sie sie ununterbrochen anschauen. So entgehen ihnen viele Informationen über den Hang. Andere schauen viel zu weit nach vorn. Experimentieren Sie mit verschiedenen Abständen und finden Sie heraus, wann Sie wie weit nach vorn schauen müssen, um am besten zu fahren.

Hören Sie Ihren Skiern zu

Für viele Skifahrer ist es klar, dass sie auf das reagieren, was sie beim Fahren spüren oder sehen. Nur wenige denken aber daran, auch auf ihre Skier zu hören. Wenn Sie jedoch auf die Geräusche achten, bemerken Sie den Unterschied zwischen aufgekanteten und flachen Skiern. Auch die Beschaffenheit des Schnees erzeugt unterschiedliche Geräusche. Indem Sie das Gehör als weiteren Sinn einschalten, können Sie sich noch stärker konzentrieren, erhalten noch mehr Rückmeldungen und können Ihr Fahren noch besser steuern.

Als ich dieses Hinhören einmal für mich selbst übte, konnte ich plötzlich präzise Kurven in den Schnee schneiden, fast ohne zu rutschen. Der Klang war weich und dunkel, ganz anders als das übliche „*wuschsch*", das man beim Rutschen hört. Ich widerstand der Versuchung zu analysieren, was ich gerade machte, sondern bat meinen Körper nur, den Klang zu wiederholen. Es klappte; ich behielt das Geräusch im Gedächtnis, und mein Körper konnte es erstaunlicherweise reproduzieren. Während ich also mein Selbst 1 damit beschäftigt hatte, den Klang einer perfekten Kurve zu hören, konnte mein Selbst 2 ungestört die Bewegungen wiederholen, die den Klang erzeugten.

Weiter und enger Fokus

Die Entscheidung, worauf Sie sich konzentrieren wollen, ist einfach, wenn es zum Beispiel um Ihre Gewichtsverlagerung geht oder wenn Sie die Stöcke so grob einsetzen, dass es Sie aus dem Rhythmus bringt. Sie richten den Fokus in diesem Fall nur auf etwas, das mit diesen Schwierigkeiten zusammenhängt. Doch manchmal gibt es nichts Spezifisches, worauf Sie sich konzentrieren möchten; alle Probleme scheinen gleich wichtig oder unwichtig. In diesem Fall können Sie den Bereich Ihrer Aufmerksamkeit erweitern, statt den Fokus einzuengen.

Stellen Sie sich vor, Ihre Konzentration sei ein Suchscheinwerfer, dessen Lichtkegel sich verstellen lässt. Wenn Sie die Blende weit öffnen, wird ein großer Bereich ausgeleuchtet. „Konzentration mit offener Blende" würde dann bedeuten, Sie achten beim Fahren auf Ihren ganzen Körper. Auf diese Weise nehmen Sie jede Anspannung und Unsicherheit wahr. Bei der nächsten Abfahrt können Sie den Fokus Ihres Suchscheinwerfers wieder bündeln und als starken Lichtstrahl auf genau diese „unsicheren" Bereiche lenken, um von dort neue Informationen zu bekommen.

Wenn Sie sich zu lange auf einen Teil Ihres Körpers oder einen Aspekt Ihres Skifahrens fokussieren, kann es passieren, dass Sie sich verspannen – höchste Zeit für Entspannung und Ausweiten des Fokus. Öffnen Sie die Blende und nehmen Sie Ihren Rhythmus oder das Gleichgewicht wahr, während Sie die Piste hinunterfahren. Über kurz oder lang wird wieder etwas Spezifisches auftauchen. Es ist ganz natürlich, dass sich Ihr Fokus beim Skifahren erweitert oder verengt.

„Playing in the Zone"

Wir haben bis jetzt darüber gesprochen, wie wir uns besser konzentrieren können: Entweder haben wir unsere Aufmerksamkeit fokussiert oder wir haben unser Denken abgelenkt. Doch es gibt noch eine dritte Form: Dann zieht sich Ihr eifriger, schwatzender Geist völlig zurück und Sie treten ein in die Welt des reinen Erlebens. Sie sind gefasst, ruhig, versunken in Ihr Tun. Es gibt keine Trennung mehr zwischen Handeln und Aufmerksamkeit, zwischen Denken und Tun. Sie sind in vollkommener Harmonie mit sich und Ihrer Umgebung, und alles Übrige - Zeit, Raum, Vergangenheit und Zukunft - verblasst vor dem gegenwärtigen Moment. Im englischen Sprachraum nennen Sportler das „playing in the zone".

„Prima", sagt Selbst 1, „und wie erreiche ich diesen Zustand?"

Und da haben wir den Salat: Sie können ihn ebenso wenig herbeiführen wie den Schlaf. Sie können sich auf das Schlafen vorbereiten, indem Sie sich in ein bequemes Bett legen, die Augen schließen und sich körperlich und geistig entspannen - aber den Moment des Einschlafens können Sie nicht bestimmen. Ebenso können Sie das Erreichen dieses Zustandes des Einsseins nicht steuern, doch Sie können sich vorbereiten und dann steigt die Wahrscheinlichkeit, dass er eintritt. Letztlich ist „playing in the zone" ein Prozess des Loslassens. Beglückwünschen Sie sich nicht dazu - denn sobald Sie das tun, sind Sie wieder im Zustand des Denkens.

MEISTERSCHAFT

Jede Erfahrung, die wir im Zustand entspannter Konzentration machen, hilft uns, die dahinterliegende Theorie zu begreifen. Umgekehrt können wir Dinge besser ausführen, wenn wir ihre theoretischen Aspekte und Zusammenhänge besser verstehen.

Wir wissen bis jetzt, dass wir uns dann konzentrieren, wenn wir einen bestimmten Zweck erreichen wollen. Wenn Ihr Ziel im Wesentlichen darin besteht, Ihr Skifahren zu verbessern, dann werden Sie sich beim Training konzentrieren. Je wichtiger Ihnen das Skifahren ist, desto konzentrierter werden Sie üben. Entspannte Konzentration können Sie darüber hinaus in allen Lebensbereichen sehr gut gebrauchen, um Bestleistungen zu erzielen. Die Qualität Ihres Alltags hängt davon ab, ob Sie ein Meister oder eine Meisterin in entspannter Konzentration sind. Ob Ihr Leben lebendig und befriedigend oder mangelhaft und dumpf ist, hängt davon ab, wie gut Sie sich bei dem, was Sie gerade tun, konzentrieren können. Zwei Menschen können auf demselben Gipfel stehen, und während der eine die unermessliche Schönheit empfindet, sieht der andere nur ein paar Berge und Täler. Der Qualitätsunterschied ihrer Wahrnehmung liegt in der Qualität ihrer Aufmerksamkeit. Das kann auch Ihnen so gehen: An einem Tag fahren Sie exzellent, ohne dass Sie das besonders wertschätzen. Am nächsten Tag fahren Sie – objektiv – schlechter, doch Sie genießen die Abfahrt viel mehr und lernen daraus, weil Sie an diesem Tag stärker bei der Sache sind. Gut Skifahren bedeutet nicht automatisch gute Erfahrungen zu machen, und schlecht Skifahren bedeutet ebenso wenig, schlechte Erfahrungen zu machen. Die Fähigkeit des Skifahrers, das anzunehmen, was in diesem Moment passiert, macht den Unterschied.

Wenn Sie das verstehen, haben Sie die wahre Essenz von Inner Game Ski verstanden. Ihr Genuss und Ihre Leistung hängen vor allem von *inneren* Faktoren ab. Der Wert liegt im Inneren, nicht im Äußeren. Eine kleine Verbesserung Ihrer inneren Fähigkeit, Dinge wahrzunehmen, kann viele externe Anstrengungen und Veränderungen aufwiegen, denn sie hat die Kraft, alles, was Sie erfahren und erleben, vollkommen zu verändern.

Ein Beispiel? Aber gern! Sie drehen ein Video, aber die Linse Ihrer Kamera ist zerkratzt und der Autofokus funktioniert nicht mehr richtig. Was für ein Ergebnis erhalten Sie? Der Film, den Sie mit dieser Kamera drehen, ist minderwertig. Und doch könnten Sie glauben, dass Sie nur einen falschen Schauplatz gewählt haben. Natürlich könnten Sie an jedem beliebigen Ort drehen – mit dieser Kamera bekommen Sie einfach keinen guten Film. Sie können sich nun auf ewig beklagen, dass Sie an keinem Ort der Welt einen Film in guter Qualität drehen können. Wenn Sie hingegen den Autofokus reparieren lassen und die zerkratzte Linse ersetzen, drehen Sie auch an ganz gewöhnlichen Schauplätzen gute Szenen.

Diese Analogie hat gegenüber unserer Situation eine entscheidende Schwäche: Der Kamera lässt sich von dem, was sie „sieht", nicht beeindrucken – ein Mensch hingegen schon. Im Buch „Inner Game Musik" zeigt Barry Green, wie Musik wirkt. Jemand, der gute Musik liebt, gerät durch Musik in gehobene Stimmung – je besser die Musik ist, die man hört, desto besser lernt man, sie wertzuschätzen. Wer sich hingegen ständig von schlechter Musik berieseln lässt, verringert auch sein Bewusstsein für die Musikerfahrung. Es wird für ihn schwierig, wenn nicht gar unmöglich, gute Musik zu erkennen und zu schätzen.

Darum ist es nur menschlich, Erfahrungen zu suchen, die uns in gehobene Stimmung versetzen – nicht nur, weil die Erfahrung so befriedigend ist, sondern auch, weil sie uns darauf vorbereitet, die nächste Erfahrung dieser Art noch mehr zu schätzen. Was würde es jemandem nützen, in einer perfekten Situation zu sein, wenn er diese aufgrund seines untrainierten, unkontrollierten Bewusstseins nicht schätzen könnte?

Mein Vater erzählte mir immer die Geschichte eines Museumswärters im Louvre, der das Bild der Mona Lisa bewachte. Immer wieder kamen Touristen mit ihren Fotoapparaten zu ihm und fragten nach einem kurzen Blick auf das Bild: „Was ist eigentlich so schön daran?" Er antwortete immer dasselbe: „Monsieur [oder Madame], nicht das Bild steht hier auf dem Prüfstand."

Skifahrer und Nicht-Skifahrer neigen zu dem Glauben, ihre Erfahrungen seien das Ergebnis dessen, was ihnen widerfährt. Deshalb tun wir alles Mögliche, um die äußeren Umstände zu verändern. Wir suchen nach Tipps, um besser Ski zu fahren, besserer Arbeit, einer besseren Wohnung, besseren Ehemännern und Ehefrauen. Natürlich können wir unser Leben verändern, wenn wir die äußeren Bedingungen ändern. Aber die wirklich bedeutenden Veränderungen geschehen,

wenn wir an unserer inneren Landschaft arbeiten, denn das ist die Umgebung, die wir immer bei uns tragen.
„Erfahren" ist etwas, das wir dauernd tun, darum ist unsere Lebensqualität abhängig von der Qualität unserer Erfahrungen. Diese wiederum hängt ab von unserem Gemütszustand und von der Tiefe unserer Konzentration. Wenn mein Leben nicht so befriedigend ist, wie es sein sollte, liegt das dann an meinen Lebensumständen oder an meiner Fähigkeit, sie zu schätzen? Liegt der Grund für meine Unzufriedenheit in mir oder außerhalb von mir? Sind nicht die meisten unserer äußeren Konflikte eine Folge unserer inneren Unrast? Wir sind die meiste Zeit über so gefangen in unserem Leben, im „Guten" und im „Schlechten", dass wir vergessen, uns an der einfachen Tatsache zu freuen, lebendig zu sein und dieses Leben erfahren zu können. Wie immer unser Leben beschaffen ist – wir haben das Recht, an diesem Prozess, der Leben heißt, teilzunehmen. Sobald ich mein Leben von diesem Standpunkt aus betrachte, kann ich mich von den kleinlichen Anliegen meines Selbst 1 befreien und das Beste lieben, das mir mein Leben zu bieten hat. Und womit kann ich das schätzen und lieben? Mit der Gabe der Achtsamkeit, mit der Qualität meiner Aufmerksamkeit und mit der Kraft meiner Konzentration.

9 SNOWBOARDEN

WARUM SOLLTE EIN SKIFAHRER SNOWBOARDEN LERNEN?

Eines Tages fuhren Menschen die Pisten hinunter, arbeiteten an Parallelschwüngen, am Gleichgewicht und an Gewichtsverlagerungen. Da plötzlich tauchte auf der Piste, die seit Jahren immer gleich ausgesehen hatte, eine neue Sorte von Wintersportlern auf – jung, wagemutig, bunt, frei. Sie schnitten weite Kurven auf einem einzigen Brett in den Schnee. Snowboard! Was dachten die Skifahrer? Was ging *Ihnen* damals durch den Kopf? Vielleicht sind Ihnen die jungen Boarder das eine oder andere Mal zu nahe gekommen. Vielleicht haben Sie sie sogar angerempelt, und Sie waren sich nicht sicher, ob das eventuell mit Absicht passiert war. Vielleicht ist Ihnen auch aufgefallen, dass die meisten unter fünfundzwanzig waren, eine merkwürdige Sprache sprachen und dass sie Tricks übten, die niemandem, der seine fünf Sinne beisammen hatte, in den Sinn gekommen wären. Vielleicht gehörten Sie zu denen, die hofften, dass man die Snowboarder von den Pisten verbannen würde? Oder vielleicht haben Sie nur beschlossen, dass Snowboarden nichts für Sie ist.
Doch trotz der klaren Widerstände auf Seiten der konventionell eingestellten Skifahrer verschwand der neue Sport nicht. Im Gegenteil: Er wurde zum Wintersport mit den größten Zuwachsraten. Natürlich hatten viele Skifahrer gute Gründe, diese neue Herausforderung zu meiden, doch seien wir ehrlich: Die meisten haben mit einer gewissen Bewunderung auf die andere Seite geschaut. Was für tolle Bewegungen auf diesem einzelnen Brett möglich waren! Machte das wirklich so viel Spaß, wie es aussah?
In diesem Kapitel geht es nicht darum, jemanden zum Snowboarden zu überreden, der das nicht will. Es richtet sich an

diejenigen, die Snowboarden auf sichere, einfache Art und Weise lernen möchten. Mein Hauptargument, sich für Snowboarden zu interessieren, lautet: Sie können hier ein nützliches Abenteuer erleben und dabei wertvolle Lerntechniken entwickeln. Jeder weiß, dass man in jeder Sportart im ersten Jahr die größten Lernfortschritte macht. Verglichen mit den kleinen Verbesserungsschritten in den folgenden Jahren ist das wirklich aufregend. Snowboarden ist außerdem etwas, das Sie von Grund auf neu erlernen: Der Berg sieht anders aus, Sie müssen das Gleichgewicht anders halten, neue Bewegungen zum Anhalten und Kurvenfahren lernen. Auch das begünstigt das schnelle Lernen. Snowboarden kann für Skifahrer eine Metapher sein für den Umgang mit Veränderungen in einer Welt, in der es überlebenswichtig ist, das Lernen zu lernen.

Ein hervorragender Snowboarder hat mir erklärt, welches das größte Hindernis für einen Skifahrer ist, der Snowboarden lernen will. „Es ist sein Ego", sagte er so bestimmt, als hätte er gesagt „das Anhalten". Seiner Meinung nach sei es das Schwierigste für einen erfahrenen Skifahrer, genug Geduld und Bereitschaft aufzubringen, um die Grundlagen des Snowboardfahrens auf den Anfängerhügeln zu lernen. Schließlich komme er auf Skiern doch seit Langem jede schwarze Piste hinunter! Ich habe dasselbe Problem bei vielen Führungskräften gesehen, die sich plötzlich mit neuen Arbeitssituationen auseinandersetzen müssen – weil es neue Technologien gibt oder weil sie in ihrer bisherigen Firma einen völlig anderen Verantwortungsbereich übernehmen. Plötzlich finden sie sich in einem Umfeld wieder, in dem ihnen alle Fähigkeiten eines Profis fehlen. In Gedanken fühlen sie sich aber immer noch als Profis. Was sie jetzt lernen müssen – dringender als die neuen Kompetenzen – ist, wie man wieder mit der Haltung eines neugierigen Einsteigers lernt. Wer erkennt, dass er zur gleichen Zeit auf einem Gebiet ein Profi und auf einem anderen ein Anfänger sein kann, ohne dass sich das Ego bedrängt fühlt, hat gewaltige Vorteile.

In diesem Kapitel geht es ganz allgemein um einen Weg, Neues zu lernen. Wir sprechen zwar über das Snowboarden, doch ich wünsche Ihnen, dass Sie in der Lage sind, das Gesagte auf jede andere Lernsituation zu übertragen.

LERNEN LERNEN

Es ist unbestritten: Lernen ist die wichtigste Fähigkeit, die jemand beherrschen muss, der im einundzwanzigsten Jahrhundert erfolgreich sein will. Wissen und Technologie entwickeln sich so rasant, dass wir kaum mehr vorhersehen können, *was* wir werden lernen müssen. Doch *wie* wir lernen, ist von zeitlosem Wert. Vielleicht ist es ebenso wichtig zu wissen, wie man entlernt. Für viele Menschen ist es schwieriger, lang gehegte Ideen und Annahmen loszulassen, als etwas Neues zu lernen. Ein Skifahrer, der zu snowboarden beginnt, kann sowohl das Erlernen einer neuen Fähigkeit als auch das Entlernen alter Gewohnheiten üben.

Ich habe viel über das Lernen gelernt und darüber, wie man anderen beim Lernen hilft. Zu den wichtigsten Erkenntnissen gehört: Wer lernt, ist verletzlich. Wenn Trainer oder Lernender dies nicht erkennen, ignorieren sie einen ganz entscheidenden Faktor. Warum ist der, der lernt, verletzlich? Es geht weniger um die Möglichkeit der körperlichen Versehrtheit, sondern darum, dass Lernen immer eine Gratwanderung zwischen dem Bekannten und dem Unbekannten ist. Das war immer so und wird immer so bleiben. Das Terrain des Unbekannten – wo Sie noch nichts wissen und noch nichts können – ist ein Ort, an dem sich der selbstsicherste Mensch verletzlich fühlt: Er läuft Gefahr, unwissend und unfähig auszusehen, und das ist in unserer Kultur nicht sonderlich angesehen. Doch genau das ist die Natur des Lernens, und genau darum haben viele sehr kompetente Menschen Schwierigkeiten damit.

Das erste Prinzip des Lernens lautet daher: Mach es so sicher wie möglich – nicht nur physikalisch, sondern auch psychologisch sicher. Schließlich wollen Sie nicht, dass Ihr Schüler oder gar Sie selbst wie ein Trottel aussehen. Ihr Selbst 1 wird die wunderbare Gelegenheit nutzen und Sie an Gefühle

und Gedanken erinnern, die Sie vielleicht seit Ihrer Schulzeit nicht mehr gedacht oder gefühlt haben. Der kluge Lehrer geht dem aus dem Weg, indem er eine Lernumgebung schafft, die nur so viel Herausforderung bietet, wie sein „Sicherheitsnetz" zulässt.
Zu Beginn des Lernprozesses brauchen die Lernenden ein hohes Maß an Sicherheit und ein geringes Maß an Herausforderung. Beim Inner Game erreichen wir die psychologische Sicherheit, indem wir Bewertungen wie „richtig" und „falsch" durch nicht wertende Beobachtungen ersetzen.

Schritt 1: Warum eigentlich?

WIE FÄNGT MAN AN, NEUES ZU LERNEN?

Ich persönlich würde bei einer grundsätzlichen Frage beginnen: Was habe ich davon, Snowboarden zu lernen? Wahrscheinlich gibt es beim Lernen nichts Wichtigeres als Motivation. Je genauer ich weiß, warum ich etwas lernen will, desto größer ist meine Bereitschaft, auch in schwierigeren Zeiten fokussiert zu bleiben und durchzuhalten. Ich schaue Snowboardfahrern zu – nicht um zu sehen, wie sie es machen, sondern um festzustellen, ob das, was sie tun, nach Spaß aussieht. Wenn ich verschiedene Boarder beobachte, versuche ich, „ihre Stiefel anzuziehen" und mir vorzustellen, was sie auf ihrem Brett gerade erleben. Fantasie ist ein großartiger Simulator und bringt Sie ohne jedes Risiko in die Nähe der tatsächlichen Erfahrung. Ich kann mich auch mit Leuten unterhalten, die Snowboard fahren, kann sie fragen, was ihnen daran so gut gefällt, und über meine Bedenken sprechen – zum Beispiel darüber, wie sicher oder wie schwierig es ist. In diesem Beobachtungsstatus kann ich so lange bleiben, bis der Wunsch, Snowboarden zu lernen, in mir entfacht ist.

Schritt 2: Spielerisches Erkunden

Als Nächstes spiele ich ein bisschen mit der Ausrüstung. Für mich ist das unabdingbar, wenn ich etwas Neues lernen will. Spielen heißt nicht, dass ich versuche, etwas zu lernen. Es ist einfach ein absichtsloses Herumspielen. Kinder machen das automatisch und genau deshalb lernen sie so gut und schnell. Das Spielen hat zwei Funktionen: Erstens erzeugt es eine sichere Umgebung, ohne Erwartungsdruck und Bewertung. Zum anderen gewöhnen Sie sich an die Ausrüstung, wenn Sie damit hantieren – das Gleiche gilt übrigens auch für neue Ideen, mit denen sie herumspielen können. Weil dieses Gewöhnen in einer spielerischen Atmosphäre stattfindet, bauen Sie zu der Ausrüstung eine freundschaftliche Beziehung auf. Die Spielphase endet, wenn Sie sich so sehr an die Gegenstände gewöhnt haben, dass sie anfangen, sich zu langweilen. Auch wenn Ihnen Ihr Selbst 1 in dieser Phase einreden will, dass Sie wertvolle Zeit verlieren und nicht schnell genug vorwärtskommen – hören Sie nicht hin. Geben Sie dem Kind in sich alle Zeit, die es braucht, denn das verkürzt und erleichtert alle weiteren Lernschritte.

Mein erster Ausflug

Wie würde ich im Falle von Snowboarden vorgehen? Zunächst würde ich dorthin gehen, wo Snowboarder sind, zusehen, wie sie sich fertig machen, wo und wie sie ihre Sachen ablegen und mir die logistischen Details einprägen, die wichtig werden, wenn ich wirklich anfange. Es überrascht mich immer wieder, wie viel ich schon lerne, wenn ich nur herumgehe, hinhöre, zuschaue, ohne überhaupt zu wissen, wonach ich suche. Ich erkundige mich, wo ich die beste Ausrüstung mieten kann. Schließlich möchte ich mein erstes Board und die Stiefel von jemandem bekommen, der sich wirklich auskennt. Ich beschließe, dass ich erst einmal einen halben Tag lang mit den Sachen herumspielen will, bevor ich den Lehrer treffe, mit dem ich mich verabredet habe.

Als Nächstes suche ich nach der sichersten Stelle, wo ich mich mit dem Equipment beschäftigen kann. Es soll ein physisch und psychologisch sicherer Ort sei, wo ich mich als totaler Anfänger nicht blamiere. Ich entscheide mich für den schneefreien Rasen hinter meiner Wohnung. Ich untersuche nicht nur Größe, Gewicht und Bindung, sondern probiere auch aus, wie es sich anfühlt, wenn ich das Brett an meinen Schuhen festschnalle. Ich gewöhne mich an das Gefühl, erst die eine Seite des Bretts aufzukanten, dann die andere. Und ich finde heraus, wie ich meinen Körper bewegen muss, um das Gleichgewicht zu halten.

Sobald ich mich nicht mehr als völliger Anfänger fühle, ziehe ich um auf flaches Gelände. Hier liegt Schnee, aber ich habe keine Zuschauer. Ich schiebe das Board wie ein Spielzeugauto auf dem Schnee hin und her. Ich lasse es einen kleinen Abhang hinunterrutschen und beobachte, wie es sich verhält. Ich mache mit dem Board alles, was ich interessant finde, ohne dass ich es anschnalle. Ich benutze es wie ein Skateboard: ein Fuß auf dem Brett, der andere zum Abstoßen. So rutsche ich den kleinen Abhang hinunter und lerne, auf dem langsam fahrenden Brett die Balance zu halten. Dann kippe ich es nach hinten, bis ich falle, und finde heraus, wie man aufsteht. Danach falle ich vorwärts.

Nachdem ich eine Weile geübt habe, das Brett mit einem Fuß zu benutzen, schnalle ich nun beide Füße fest. Skifahrer, die Snowboarden probiert hatten, hatten mir erzählt, dass man so etwas Ähnliches wie Platzangst bekommt, wenn beide Füße auf demselben Brett fixiert sind, und dass es schwierig sei, so das Gleichgewicht zu halten. Ich entscheide mich, den Abhang noch nicht hinunterzufahren und zunächst im Flachen auszuprobieren, wie sich zwei „gefesselte" Füße anfühlen. Ich schaukle vorwärts und rückwärts und teste aus, wann ich mein Gleichgewicht verliere. Nach einer Weile verschwindet das unangenehme Gefühl.

Ich habe ein paar grundlegende Dinge über das Gleichgewicht beim Snowboarden gelernt und ein Gefühl dafür entwickelt. Jetzt kann ich meinen Lehrer zur ersten Stunde treffen. Ich weiß, dass ich dank dieser neu gewonnenen Sicherheit meine Aufmerksamkeit nun ganz und gar darauf konzentrieren kann, die Grundlagen des Snowboardens zu lernen. Ich bin bereit für Schritt 3.

Schritt 3: Lernen durch Erfahrungen

Am nächsten Morgen stehe ich früh auf und bin ein klein wenig nervös, als ich meinen Lehrer treffe. Ich spüre gleichzeitig die Vorfreude, etwas Neues zu lernen, und ich weiß, dass ich keine Ahnung habe, wie leicht oder wie schwer mir das fallen wird. Ich erinnere mich wieder daran, warum ich lernen will, und versuche, mich mental auf das vorzubereiten, was da auf mich zukommt.

Mein Snowboardlehrer heißt Pat McNamara, ist dreiundfünfzig und sehr engagiert. Er erzählt mir mit einem Respekt, der fast an Ehrfurcht grenzt, er habe „alles, was er mir beibringen wird, von den besten Snowboardern der Welt gestohlen". Er hat mit den Snowboardmeistern Brian und Kevin Delaney gearbeitet und erklärt: „Das sind große Athleten mit noch größeren Herzen."

Zuerst zeigt er mir, wie ich meine Ausrüstung auswählen soll, damit sie sicher ist und gut passt. Er besteht darauf, dass ich Knie- und Handgelenkschützer sowie einen Helm trage. Dann stellt er mir eine interessante Frage: „Stell dir vor, du läufst auf einen zugefrorenen Teich zu und willst auf dem Eis schlittern. Welchen Fuß setzt du zuerst auf?" Ohne zu überlegen, sage ich instinktiv: „Den rechten."

„Okay, dann bist du goofy", sagt er sachlich. „Nicht regular."

Das waren die ersten Worte, die ich in der Snowboardsprache hörte. „Goofy", erläuterte er, sei nichts Schlechtes, sondern beschreibe einfach, dass man beim Snowboarden den rechten Fuß vorn hat. „Regular" heißt, dass der linke Fuß vorn ist. Also bin ich goofy!

Mein gemietetes Board ist in Ordnung und nachdem wir ungefähr fünf Minuten lang Stretchingübungen gemacht haben, fängt er an, Unsinn zu machen und fällt auf die verrücktesten Arten in den Schnee. Ich soll es nachmachen. Nach zehn weiteren Minuten kindlich scheinender Spiele, fühle ich mich noch mehr goofy als regular, aber meine Anfängernervosität ist jetzt völlig verschwunden. „Der Schnee ist dein Freund, nicht dein Feind", sagt Pat, als wir zu einer anderen Stelle gehen.

Überraschenderweise macht Pat mit mir dann fast dieselben Übungen, die ich schon gestern im Alleingang ausprobiert hatte. Wir machen Gleichgewichtsübungen, schieben das Brett, schieben es mit einem Fuß an wie beim Skateboarden. Ich fühle mich bei den meisten Übungen wohl und denke, dass er denken muss, ich würde sehr schnell lernen. Doch er sagt nichts dazu und bittet mich nur gelegentlich, auf Körperwahrnehmungen zu achten und die Bewegung des Bretts im Schnee zu spüren. Die einzige Aufgabe ist, auf das zu achten, was gerade geschieht. Ich fühle mich sicher, weil ich keine Anweisungen bekomme, wie ich etwas richtig zu machen hätte – es ist einfach ein Spiel. Schon bald fühle ich mich so wohl, dass ich frage: „Können wir jetzt mal bergab fahren?"
Wir tragen unsere Boards etwa 20 Meter einen sehr sanft abfallenden Hügel hinauf. Die Spitze seines Bretts zeigt nach unten, und Pat sagt: „Lass dich einfach von der Schwerkraft den Hügel runterziehen. Fahr mir nach." Kein Problem! Ich fahre so langsam, dass ich das Gleichgewicht mühelos halten kann. „Nimm so gut wie möglich wahr, wie sich das Brett auf dem Schnee anfühlt, während du gleitest", lautet die einzige Anweisung.
„Du hörst dich an wie ich, wenn ich einem Tennisanfänger sage, er soll sich nicht darum kümmern, ob der Ball übers Netz geht, sondern einfach den Schwung spüren. Ich glaube, ich habe den richtigen Lehrer gefunden", sage ich zu ihm.
Wir fahren noch eine halbe Stunde so weiter: Ein Fuß auf das Brett geschnallt, der andere frei. Ich werde immer aufmerksamer und fühle mich wohl und sicher auf dem Brett. Schließlich sagt Pat: „Man sieht es – du hast in der kurzen Zeit schon viele kleine Verbesserungen aufgrund deiner Wahrnehmung erzielt." Mein Körper fühlt sich von innen her warm an und ist ein wenig müde, weil er so viele „neue" Muskeln gebraucht hat.
Wir machen eine Viertelstunde Pause und tragen unsere Bretter dann zu einem Übungslift. Ich sehe zu, wie er das Seil fasst, und mache es nach. Es gibt einen unerwarteten Zug, als ich

meine Hand um das Seil schließe und einen Moment lang verliere ich das Gleichgewicht. Zum Glück habe ich immer noch einen Fuß frei und fange mich schnell wieder. Ich finde beim Hochfahren sogar noch einen Platz für meinen hinteren Fuß auf dem Brett. Zum ersten Mal muss ich mit beiden Füßen auf dem Brett das Gleichgewicht halten. Ich merke, dass jeder neue Lernschritt so klein ist, dass man ihn kaum bemerkt, aber jeder vermittelt reiche neue Erfahrung.

Oben hilft Pat mir, auch den hinteren Fuß festzuschnallen. Wir sitzen am Rand einer gleichmäßig abfallenden Piste. Ich stehe auf, das Brett quer zur Piste, und Pat fordert mich auf, mich ein wenig zurückzulehnen und auf der Backside zu balancieren. Ich spüre, wie sich die hintere Kante des Bretts in den Schnee schneidet. „Jetzt kipp wieder nach vorn, sodass das Brett flach ist, und beobachte, was geschieht." Das Brett beginnt zu gleiten. Instinktiv kippe ich wieder zurück auf die Fersen und das Brett hält an. Wir wiederholen das wieder und wieder. Gleiten, stoppen, gleiten, stoppen ..., bis wir nach ungefähr fünfzig Metern wieder unten sind. Es geht langsam und leicht und in mir wächst das Vertrauen, dass ich auch beim Gleiten die Balance halten kann und sogar das Anhalten lernen werde. Mir war noch nicht klar, wie sehr diese Gefühle die Grundlage meiner künftigen Snowboarderfahrungen sein würden.

Wir fahren wieder hinauf. Pat bittet mich, in den Vierfüßlerstand zu gehen. Dann reicht er mir die Hand zum Aufstehen. Er hält meine Hand fest und fordert mich auf, das Gewicht auf meine Zehen zu verlagern. Jetzt fühle ich, wie sich die Frontside des Boards in den Schnee gräbt. Ich spiele ein wenig mit verschiedenen Winkeln herum, bis das Brett flach ist, spüre das Gleiten und stoppe – dieses Mal mit der Frontside. Das ermutigt mich zum weiteren Ausprobieren: Ich gleite den Hügel hinunter, stoppe, gleite, stoppe, gleite – dieses Mal allerdings deutlich mutiger als beim ersten Mal. Ich möchte wissen, wie weit ich mich nach vorne lehnen kann. Und ich finde es heraus. Natürlich, indem ich falle. Jetzt suche ich bewusst den „Balancepunkt": Wo ist „zu weit"?

Und wo ist „gerade richtig"? Pat führt mich einfach durch diese Forschungen, ohne Anweisungen zu geben, und ermöglicht mir so einen Prozess der Selbst-Entdeckung, der mir ein gutes Gefühl der Unabhängigkeit gibt. Er fordert mich auf, das Board unterschiedlich weit nach hinten und vorn zu kippen und gelegentlich absichtlich nach hinten oder vorn zu fallen. Nach kurzer Zeit bin ich zuversichtlich, dass ich auf dem fahrenden Board die Balance halten kann und dass ich bei langsamer Fahrt sowohl auf der Front- als auch auf der Backside anhalten kann. Inzwischen spüre ich meine „neuen" Muskeln, die ich zum Fahren brauche, sehr deutlich.

Wir machen eine weitere Pause. Pat erklärt: „In dem Moment, wo du dich zwingst, trotz Müdigkeit weiterzumachen, bist du nicht mehr aufmerksam. Dann hört Lernen auf, und Unfall fängt an. Vergiss das nicht!"

Nach der Pause findet Pat, ich sei jetzt bereit, schräg über die Piste zu fahren. Ich schaue zu, wie er zur anderen Seite gleitet, gerade schnell genug, dass es noch „Bewegung" ist. „Das kann ich, ohne zu stürzen", denke ich für mich, aber Pat ist zunächst einmal um meine Sicherheit besorgt. „Bevor du zur anderen Seite fährst, geht dein Blick erst mal aufwärts. Du musst sicher sein, dass niemand von oben kommt." Seine einzige Anweisung lautet dann: „Schau die ganze Zeit zu mir, wenn du rüberfährst." Ich fixiere ihn also mit den Augen, als sei er ein Tennisball, und gleite ganz leicht zu ihm hinüber. Als ich ankomme, grinse ich zufrieden. „Hast du darauf geachtet, wo du dein Gewicht auf dem Brett ausbalanciert hast?", ist sein einziger Kommentar. Nein, hatte ich nicht. „Dann finde es jetzt heraus", sagt er und fährt zehn Meter weiter. Ohne zu wissen, wie mein Gewicht verteilt sein sollte, merke ich, dass es eher hinten liegt und dass das Brett leicht zur Backside geneigt ist. „Fein", sagt Pat lächelnd. „Jetzt geh auf die Knie und dreh das Brett um, dann versuchen wir dasselbe zur anderen Seite." Er bittet mich noch einmal, darauf zu achten, dass niemand von oben kommt, und dann soll ich wieder zu ihm schauen und dieses Mal mit dem bergseitigen Arm auf ihn zeigen.

So gleite ich von einer Seite zur anderen und halte am Ende jeweils an. Gleiten, stoppen, gleiten, stoppen. Es macht Spaß, und nachdem wir dreimal den Hügel rauf- und runtergefahren sind, habe ich das sichere Gefühl, dass Snowboarden im Bereich meiner Möglichkeiten liegt.
In der Mittagspause erklärt Pat mir ein wenig Snowboardphysik. Er spricht über die Dynamik der Bewegung bei Turns mit höherer Geschwindigkeit. „Im Moment ergibt das für dich noch nicht viel Sinn", sagt er. „Ich setze jetzt nur ein paar Samen. Du verstehst es später, wenn ich nicht mehr dabei bin." Dann erläutert er mir den nächsten Lernschritt: am Ende der Traverse nicht stoppen, sondern wenden. „Schau zu, wie ich die Kurve vor dir fahre. Ich warte dann auf dich. Wenn du zu der Stelle kommst, wo ich gewendet habe, dreh einfach den Kopf in meine Richtung, halte das Gleichgewicht, ohne dich zum Berg zu lehnen, und vertrau darauf, dass das Brett sich dreht. Wenn die Boardspitze bergab zeigt, wirst du ein bisschen schneller – vielleicht 2 oder 3 Stundenkilometer. Aber weil du dich nach vorn lehnst, wenn du mich ansiehst, folgt dein Board der Taillierung und du wirst eine Frontside-Kurve fahren." In diesem Moment höre ich, wie mir Selbst 1 seine Zweifel ins Ohr flüstert: Das ist viel zu kompliziert, um es zu behalten, und ich werde sicher stürzen, wenn ich es ausprobiere.
Als wir oben ankommen, bin ich zum ersten Mal wirklich nervös. Pat sagt, ich würde mich wahrscheinlich nach hinten lehnen, wenn die Boardspitze in der Kurve bergab zeigt, und dann würde das Board noch schneller werden. „Bei dem Manöver stürzen die meisten Anfänger", warnt er. Ich bekomme Angst – nicht so sehr vor dem Fallen, aber ich will nicht, dass Pat denkt, ich sei wie die „meisten Anfänger". Selbst 1 gewinnt ein wenig Raum, aber ich erkenne rechtzeitig, dass die Stimme, die ich höre, gar nicht meine ist. „Na und, was ist schlimm daran, wie die meisten Anfänger zu sein", gebe ich in Gedanken zurück. Ich erinnere mich daran, dass ich nicht Snowboard fahre, um zu beweisen, dass ich nie Fehler mache. Selbst wenn ich ein *Anfänger* bleibe, werde ich

auch im schlimmsten Fall etwas lernen, und das wäre dann schon wieder der beste Fall.

Anmerkung: Diese Lektion war wichtiger, als ich in dem Moment dachte. Pat sagte mir später, dass Snowboarder, die überhöhte Risiken eingingen, vor allem ihren Freunden etwas beweisen wollten, statt „bei sich" zu bleiben. Er musste mich jedoch noch mehr als einmal daran erinnern.

Während ich die Piste überquere, suche ich nach der Stelle, wo Pat seinen Turn gemacht hat. Ich drehe den Kopf zu ihm, spüre, wie sich das Brett unter mir dreht und schneller wird. Instinktiv lehne ich mich nach hinten, fühle, wie das Board unter mir wegrutscht, und falle lachend in den Schnee. Ich hatte genau das gemacht, was ich nicht hätte tun sollen. Es ist mein erster unabsichtlicher Sturz und ich finde es lustig. Außerdem bin ich froh, dass ich inzwischen gelernt habe, wie man aufsteht. Während ich mir den Schnee abklopfe, überlege ich, was falsch gelaufen ist. Ich weiß, dass es keinen Sinn hat, den Fehler ausbügeln zu wollen. Stattdessen beschließe ich, konzentriert darauf zu achten, wo auf dem Board sich mein Gewicht befindet, wenn das Board abwärtsfährt. So kann ich das Vertrauen in mein Selbst 2 entstehen lassen und versuche nicht, es zu stark zu steuern. Obwohl ich ihm beim Tennisspielen schon tausendmal vertraut habe, fühlt es sich jetzt wie ein erstes Mal an. Ich bin gleichermaßen überrascht und erfreut, als ich merke, dass mein Gewicht weiter vorn ist und ich während des ganzen Turns problemlos das Gleichgewicht halten kann. Das Board hält neben Pat an und auf meinem Gesicht zeigt sich ein triumphierendes Lächeln. Pat scheint ebenso erfreut zu sein. Für mich gibt es nichts Schöneres, als wenn sich mein Vertrauen in Selbst 2 bestätigt. Von dem Gefühl zu wissen, dass etwas in mir ist, das mein ganzes Vertrauen verdient, kann ich nicht genug bekommen.

Kurze Zeit später drehe ich mich sicher in beide Richtungen. Ich stelle fest, dass es wirklich einfach ist, einen Turn einzuleiten, indem ich nur den Kopf in die gewünschte Richtung drehe. Hüften und Knie folgen dem Kopf, und das Board

dreht sich. Ich konzentriere mich auf die Bewegungen, und die Sicherheit wächst. Pat gibt mir einfache Anweisungen, wie „streck die Hand zu mir aus in die Richtung, in die du dich drehst." Er lehrt schwierige Dinge, doch er überlässt es Selbst 2, aus Erfahrung zu lernen.
Jetzt verbinde ich Turn um Turn bei langsamer Geschwindigkeit. Nach drei Durchgängen mit jeweils sechs oder sieben verbundenen Turns machen wir eine Pause, und Pat sagt: „Ob du es glaubst oder nicht, du hast jetzt neunzig Prozent von dem gelernt, was du fürs Snowboarden lernen musst." Das ist, als würde man einem Tennisanfänger nach ein paar Vorhand-, Rückhand- und Aufschlägen sagen, er hätte neunzig Prozent des Tennisspiels gelernt. In einem gewissen Sinne ist es natürlich wahr. „Es geht jetzt darum, diese Grundfertigkeiten zu verfeinern und herauszufinden, wie du sie bei schnellerer Fahrt und in schwierigerem Gelände einsetzt", sagt Pat. Ich habe das Gefühl, etwas geleistet zu haben – und das, obwohl ich den ganzen Vormittag auf dem leichtesten Idiotenhügel verbracht habe. Es hat mir Spaß gemacht und ich weiß, dass ich einen guten Grundstein für mein weiteres Lernen gelegt habe. Es lohnt sich, Selbst 2 zu vertrauen. Ich fange an, mich wie ein Sieger zu fühlen, bereit für die nächste Herausforderung. Doch Pat sagt, wir würden erst am nächsten Tag weitermachen.
Ich weiß nicht, warum ich am nächsten Morgen mit einem fürchterlichen Muskelkater aufwache. Gleichzeitig bin ich voller Vorfreude auf den nächsten Snowboardtag. Ich bin bereit für Schritt 4.

Schritt 4: Fertigkeiten verfeinern und in schwierigem Gelände Neues lernen

Der Morgen beginnt mit weiteren Dehnübungen, Herumrollen im Schnee und aneinandergehängten Turns auf dem gleichen Anfängerhügel wie am Vortag. Dann bringen wir die Boards zu einem Sessellift in der Nähe, und Pat zeigt mir, wie man ein- und aussteigt. Er zeigt, wie ich den freien hinteren Fuß zwischen die Bindungen in die Mitte des Boards

stellen muss. Dann brauche ich nur noch die Brettspitze anzuheben, bevor der Sessel ganz oben ist, und kann mich voll auf den Ausfahrtshügel konzentrieren. Er macht es vor – es sieht leicht aus. Ich beschließe, nicht nachzudenken, sondern einfach „auf den Ball" (das heißt hier: Pats Augen) zu schauen und Selbst 2 zu vertrauen. Kein Problem. Ich steige aus dem Sessel und fahre ziemlich sicher von der Bahn weg. Pat lächelt und verrät, dass neun von zehn Anfängern beim ersten Mal vom Sessellift fallen. Bravo, Selbst 2!
Dieser Hang ist etwas steiler als der vorige und wir fahren ihn mehrmals – einfach verbundene Turns. Jedes Mal sagt Pat mir, worauf ich meine Aufmerksamkeit fokussieren soll: Knie, Schultern, Gewichtsverteilung. Zusätzlich habe ich immer noch das Thema Gleichgewicht im Kopf. Wir arbeiten intensiv am Bremsen und Anhalten, und Pat erläutert noch einmal, wie wichtig es ist, dass ich mir der anderen Skifahrer und Snowboarder bewusst bin, die in meiner Nähe fahren oder plötzlich wie aus dem Nichts auftauchen. „Mitten auf der Piste bist du völlig schutzlos. Wenn du dich ausruhen willst, such dir einen Platz in der Nähe von Bäumen oder von einem Schild", warnt er. Während wir weiterüben, betont Pat nochmals, dass ich innerhalb meiner Grenzen fahren soll: Immer nur so schnell, dass ich jederzeit anhalten kann, wenn es nötig ist.

Schrecken der Berge

„Ich muss dir noch vom Schrecken der Berge erzählen", sagt Pat sehr langsam. Ich stelle mir einen schneeweißen Riesengorilla vor, der Zähne fletschend aus dem Wald kommt. „Also: Der Schrecken der Berge ist, wenn ein Elternpaar mit ihren sechs- und zehnjährigen Töchtern zum ersten Mal Skifahren geht; alle stehen unten am Übungshang, schauen gleichzeitig nach oben und sehen zwei siebzehnjährige Snowboarder im Schuss den Hügel runterrasen, 20 Kilometer pro Stunde oder schneller und ohne die leiseste Chance, ihre Boards zu kontrollieren. Genau daher hat Snowboarden seinen schlechten Ruf. Die beiden hatten offensichtlich nie

Unterricht und könnten nicht mal bremsen, wenn sie es wollten. Das ist, als würdest du wahllos in eine Menschenmenge schießen." Er erklärt mir weiter, es gäbe keinen Grund für Verfolgungswahn, aber ich sollte mir der Gefahr bewusst sein und sie realistisch einschätzen. „Trage auf den einfachsten Pisten einen Helm. Er ist so wichtig wie der Sicherheitsgurt beim Autofahren. Der schützt dich ja auch, wenn du stehst und dir jemand ins Auto fährt." Ich fühle mich ernüchtert.

Doch nun ist es Zeit, das Grundwissen zu verfeinern. Pat lenkt den Fokus meiner Aufmerksamkeit, und ich lerne etwas über die Be- und Entlastung des Boards und wie wichtig es ist, meine Schultern auszurichten. Ich lerne, mich quasi in der Mitte zu teilen, um dynamisch mit meinem Unterkörper zu fahren, während mein Oberkörper sich fließend bewegt, und wie ich mich tief auf das Board ducken kann, mit Spannung in den Oberschenkeln. Der Lernprozess bleibt derselbe. Ich höre Pat zu und beobachte ihn und dann richte ich all meine Aufmerksamkeit auf den Körperteil, mit dem wir gerade arbeiten, ohne zu sehr zu versuchen, irgendeine neue Bewegung auszuführen. Ich erlaube meinem Selbst 2, das beste Körpergefühl zu finden und festzustellen, was am besten funktioniert. Pat zeigt mir, wie das anvisierte Lernziel ungefähr aussieht, und ich benutze Aufmerksamkeit und Vertrauen, damit ich mich in die richtige Richtung bewege.

Wenn wir ein paar Turns gemacht haben, sprechen wir miteinander. Bevor Pat mir irgendein Feedback gibt, fragt er zunächst, was mir aufgefallen ist. Erst wenn er merkt, dass ich etwas Wichtiges nicht erwähnt habe, sagt er, was er beobachtet hat. Er will, dass ich mich ganz und gar auf das „Aufmerksamsein" konzentriere – auf jeden Turn, auf das, was funktioniert und was nicht. Ihm ist es egal, ob ich Fehler mache. Er sagt sogar, beim Lernen gäbe es keine Fehler, außer den, die Beherrschung zu verlieren. Er will, dass ich so viel wie möglich über das weiß, was gerade im Moment geschieht. Das ist unser „Stoff". Wenn er auf etwas hinweist, das nicht funktioniert, möchte er nicht, dass ich es verbessere, sondern dass ich für eine bestimmte Bewegung aufmerksamer werde. Ich mache das so lange, bis sich die richtige Bewegung einigermaßen eingeschliffen hat, dann gehen wir weiter zur nächsten Verfeinerung. Diese Lernmethode ist einfach und bleibt bei jedem Schritt gleich. Das Einzige, was sich ändert, ist, *was* ich lerne. Das gibt mir das Vertrauen, dass ich es in diesem Sport so weit bringen kann, wie ich möchte.

Pat betont immer wieder, wie wichtig es ist, die Arme unten zu lassen. „Beim Skifahren kannst du die Stöcke zum Ausbalancieren nutzen. Beim Snowboarden brauchst du deine Arme. Wenn du sie unten lässt, hast du einen Radius von 180° nach oben, um dein Gleichgewicht wiederzufinden. Wenn du die Arme höher hältst, ist dein Bewegungsspielraum zum Ausbalancieren viel kleiner." Wenn ich das vergesse, brüllt er zum Glück nicht: „Arme runter!" Stattdessen ruft er nur das Wort „Arme", und ich weiß, dass ich meine Aufmerksamkeit auf deren Position richten soll. Manchmal ruft er „Arme", auch wenn ich sie völlig korrekt halte – es geht eben nicht darum, dass er versucht, mich zu korrigieren, sondern vor allem darum, dass ich bewusst bleibe.

Nach einer Weile wird mir klar, dass ich ziemlich gut in Form sein muss, um hier weiterzumachen. Außerdem spüre ich, dass die Fahrt auf dem Board etwas wirklich Schönes ist. Es wird Zeit, Feierabend zu machen. Bevor wir hineingehen, schickt Pat mich den Hügel hinunter, damit ich ihm beim Abfahren zusehe. „Geh auf die Knie und beobachte mich. Ich komme nah genug heran, sodass du meine Augen sehen kannst. Schau, wo mein Kopf und meine Augen an jedem Punkt eines Turns sind. Achte auch auf meine Schultern. Wenn ich auf der Frontside bin, beobachte, wie ich die Knie Richtung Schnee drücke. Und schau, was unterhalb meiner Taille passiert. Stell dir das Federungssystems eines Autos vor." Das sind viele Dinge, auf die ich achten soll, aber ich weiß, dass ich hier keinen Test absolviere. Ich beschließe, einfach zuzuschauen und meine Aufmerksamkeit auf das Gehörte zu fokussieren.

Ganz in der Nähe machen zwei Skifahrer, auf ihre Stöcke gestützt, eine Pause. Ich komme mir ein wenig blöd vor, wie ich da neben ihnen im Schnee knie. Pat fährt los und fährt auf beiden Seiten sehr schöne Turns. Ich nehme einige der Details wahr, auf die ich achten sollte, doch vor allem beeindruckt mich das Gesamtbild: Die einzelnen Partien seines Körpers bewegen sich in perfekter Harmonie – poetry in motion, ein Gedicht auf dem Snowboard. Als er auf mich zukommt, ist er schon ziemlich zügig unterwegs. Kurz bevor er mich erreicht, macht er eine Bewegung, die den Schnee aufstieben lässt, dann ein kleiner Hüpfer, und er steht. Er steht locker und aufrecht, und sein Board liegt flach auf dem kleinen Schneeabsatz, den er mit seinem Abschlusshüpfer aufgeworfen hat. Auf seinem Gesicht ein breites Grinsen. „Das will ich auch lernen", ist mein einziger Gedanke. Ich schaue hinüber zu den beiden Skifahrern, denen vor Staunen der Mund offen steht. Sie hätten noch nie jemanden so anhalten sehen, sagen sie und fragen Pat, wie lange es dauert, Snowboarden zu lernen.
Bevor wir uns verabschieden, bitte ich Pat, noch einmal detailliert zu beschreiben, wie man einen Turn auf der Backside macht. Er sagt:

> „Ich komme auf der Backside den Berg hinunter. Wenn ich mich drehen will, schaue ich zuerst nach links – in die Richtung, in die ich mich drehen will. Ich halte die Arme an der Seite und folge mit dem Körper meinem Blick, das heißt, der Oberkörper dreht sich und meine Hüften ziehen nach. Meine Knie zeigen nach links und ich verlagere das Gewicht auf meine Fersen. Die Spitze des Boards dreht sich über die Falllinie. Ich gehe in die Kurve und meine Frontside-Kante kommt hoch. Mein Rücken ist gerade und das Board fährt einen weichen Bogen. Die Taillierung greift voll. Am Ende des Turns schaue ich nach rechts, nehme den Druck zurück, sodass das Board leicht auf dem Schnee liegt und durch die Bewegungsenergie nach rechts

schwenkt. Jetzt drücken meine Knie nach rechts und ich mache den Turn über die Zehenseite."

„Und wie viel von all dem mache ich im Moment?", frage ich, ohne von dem, was er da erklärt hat, viel verstanden zu haben. „Ungefähr neunzig Prozent", sagt Pat mit einem Lächeln. „Und du musst noch viel lernen. Aber dazu brauchst du mich nicht mehr. Du kannst allein so lange üben, bis du für den nächsten Schritt bereit bist."
Aha – mein Unterricht ist also zu Ende, und er überlässt mich mir selbst. Bevor ich ihn gehen lasse, frage ich noch nach ein paar Ausdrücken, die ich nicht verstanden habe: „über die Falllinie drehen" und „die Taillierung greift voll". Aber mein Körper erinnert sich noch gut an die meisten Bewegungen, und diese Erinnerungen kann ich für meine Übungen gut gebrauchen.
Zuletzt sagt er: „Behalte einfach diese Lernmethode bei und verfeinere das, was du schon gelernt hast. Ich schätze, du wirst in zehn Tagen ohne Probleme mittelschwere Pisten mit Frontside- und Backside-Turns fahren – mit einer Geschwindigkeit von 15 bis 20 Stundenkilometern wohlgemerkt. Und wenn mich nicht alles täuscht, wirst es du genießen wie kaum etwas in deinem Leben."
Später legte ich eine Tabelle an. Sie enthielt das Ergebnis, das ein Turn auf der Fersenseite bringen sollte, und die Fokuspunkte, auf die ich meine Aufmerksamkeit richten konnte.

Turn zur Backside

So soll es aussehen	Darauf konzentriere ich mich
Wenn ich drehen will, schaue ich zuerst nach links – in die Drehrichtung.	Wohin schauen meine Augen? Wie wirkt sich das auf das Board aus?
Die Arme hängen zur Seite, und meine Bewegung folgt meinem Blick.	Wo sind meine Arme? Fährt mein Board dorthin, wohin ich schaue?
Mein Oberkörper dreht sich, meine Hüften folgen.	Wie stark rotiert mein Oberkörper? Wie stark meine Hüften?
Meine Knie drücken nach links, während ich das Gewicht wieder zurück auf die Fersen verlagere.	Kraft und Richtung der Knie? Wo ist mein Körperschwerpunkt im Vergleich zu den Fersen?
Die Spitze des Boards gleitet über die Falllinie. Ich gehe in die Knie, um den Schwerpunkt nach unten zu verlagern, dabei dreht sich die Frontside nach oben.	Wo zeigt die Spitze des Boards hin? Wie viel Gewicht liegt auf der Backside? Wie stark hebt sich die Frontside aus dem Schnee?
Mein Rücken ist gerade, die Schultern horizontal.	Wie gerade ist mein Rücken? Was machen meine Schultern (wenn überhaupt)?
Das Board folgt der Taillierung und fährt einen weichen Bogen.	Wie sieht der Bogen im Schnee aus? Wie stark schneidet die Kante in den Schnee?
Am Ende des Turns schaue ich nach rechts.	Wann geht mein Blick nach rechts?

Schritt 5: Weiter lernen in Eigenregie

Es wird noch eine Weile dauern, bis ich bereit bin für ein „dynamisches Federungssystem", „fortgeschrittenes Be- und Entlasten" und „waagerechte Schultern in steilem Gelände". Aber ich weiß, wie ich dorthin komme: Ich brauche nur die Lernschritte eins bis vier für jede neue Fähigkeit zu wiederholen. Solange ich mich nicht überschätze und auf die Skifahrer und Boarder in meiner Nähe achte, wird das Lernen ein wunderbares Abenteuer bleiben.

ANGST UND LEICHTSINN

In manchen Kreisen gilt Snowboarden als Extremsport – ein Sport, der extrem gefährlich ist. Natürlich erwecken spektakuläre Fotos und Videos von Snowboardern, die – hoch in der Luft, Kopf unten, Board oben – akrobatische Tricks vorführen, diesen Eindruck. Doch diejenigen, die solche ausgereiften Freestyle-Tricks lernen möchten, sind in der Minderheit und sie gehen Risiken ein, bei denen ich nicht abschätzen kann, ob sie durch irgendwelche Glücksgefühle kompensiert werden. Alpines Snowboarden birgt ähnliche Risiken wie alpines Skifahren. Ob sie größer sind, lässt sich diskutieren. Während ich dieses Kapitel schreibe, sind die Bindungen von Snowboards so gefertigt, dass sie sich bei einem Sturz nicht öffnen. Das ist in der Tat ein Risikofaktor. Dafür ist der Snowboarder mit beiden Füßen auf demselben Brett vor Verletzungen geschützt, die entstehen, wenn die Beine in verschiedene Richtungen gerissen werden. Wer klug ist, behält diese Risiken im Auge – beim Snowboarden wie beim Skifahren.

Risiko ist jedoch nicht nur ein Bestandteil der jeweiligen Sportart. Risiken entstehen auch durch Fehleinschätzung des jeweiligen Sportlers. In jedem Sport geht es darum, Risiken zu managen, indem man die eigenen Leistungsgrenzen kennt und sich entsprechend verhält.

In Kapitel 4 haben wir zwei Arten von Ängsten kennengelernt, die durch zwei Arten von Gefahren erzeugt werden. Selbst 1 produziert Angst aufgrund seiner verzerrten Wahrnehmung, sodass wir nicht mehr in der Lage sind, eine Herausforderung angemessen zu beurteilen. Angst 2, erzeugt von unserem Selbst 2, entsteht hingegen, weil wir eine echte Gefahr deutlich erkennen. Angst 2 bereitet unseren Körper darauf vor, in der Gefahrensituation Höchstleistungen zu vollbringen oder uns so zu verhalten, dass wir gar nicht erst in eine Notsituation geraten. Angst hat drei Bestandteile: Gefahr, Verwundbarkeit, Unfähigkeit. „Gefahr" bedeutet, dass es in unserem Umfeld etwas oder jemanden gibt, der uns Leid zufügen oder uns verletzen kann. „Verwundbarkeit" sagt etwas über unsere körperliche Stabilität – mit und ohne

Schienbeinschoner und Helm - aus. „Unfähigkeit" zeigt, wie wenig jemand in der Lage ist, mit der vorhandenen Gefahr umzugehen. Vielleicht gibt es ja noch einen vierten Baustein - nämlich die mentale Fähigkeit, die ersten drei Komponenten richtig einzuschätzen und daraufhin die richtige Entscheidung zu treffen.

Zweifelsohne gibt es sowohl beim Skifahren als auch beim Snowboarden Situationen, in denen der Sportler, unabhängig von seinen Fähigkeiten, tatsächlich in Gefahr ist. Eben deshalb muss jeder von uns in der Lage sein, bei jeder Entscheidung das tatsächliche Risiko realistisch einzuschätzen. Wer das begriffen hat, kann sich damit befassen, intelligentes Risikomanagement auf und neben der Piste zu erlernen. Schließlich verlangt auch das tägliche Leben von uns immer wieder, dass wir einschätzen, wie hoch ein Risiko gemessen an unserer Verwundbarkeit und unseren Fähigkeiten ist. Wenn wir die Bedrohung und unsere Verwundbarkeit unter- und unsere Fähigkeiten überschätzen, müssen wir die Konsequenzen tragen. Wahrscheinlich hat jeder von uns diesen Fehler schon einmal in der einen oder anderen Situation gemacht, doch die Hauptsache ist, dass wir aus kleinen Fehlern lernen und nicht erst eine Katastrophe brauchen, um zu begreifen.

Es ist also sinnvoll, viel Zeit auf den Übungshängen zu verbringen. Erst wer wirklich sicher ist, auch die nächstschwierige Abfahrt gut zu bewältigen, sollte sie in Angriff nehmen. Dies ist genau der Punkt, an dem ich nicht mehr alles aus eigener Erfahrung lernen möchte. Ich würde lieber einen erfahrenen Snowboarder mit einem guten Urteilsvermögen befragen. Er kann vermutlich meine Fähigkeiten besser einschätzen als ich und weiß, welche möglichen Gefahren die nächste Piste bietet. Natürlich ist es aufregend, die Herausforderungen in schwierigerem Gelände erfolgreich zu meistern, und ich mag den Nervenkitzel durchaus. Aber dann siegt doch der gesunde Menschenverstand - der Gedanke, der mir sagt, dass mich ein heißer Flirt mit der Gefahr in eine Situation bringen kann, in der ich überhaupt keinen

Nervenkitzel mehr erlebe. Ich wünsche mir weder für mich noch für andere diese Sorte „Mut", die Menschen so sehr gegen Gefahren abstumpft, dass sie sich in Lebensgefahr begeben müssen, um sich zu spüren. Jeder liebt wahrscheinlich das Gefühl, total fokussiert zu sein, wenn Selbst 1 sich still verhält und wir ganz in unser Tun versunken sind. Geschwindigkeit ist oft ein Katalysator für konzentrierte Aufmerksamkeit und für diesen Zustand der Fokussierung. Doch es gibt einen Unterschied zwischen jemandem, der diesen Flow genießt, und einem Adrenalin-Junkie. Adrenalin kann süchtig machen und die Körperchemie verändern. Es ist gut, wenn es in dem Moment zur Verfügung steht, wo wir es brauchen. Aber Adrenalinsucht hat ähnliche Konsequenzen wie jede andere Sucht: Wir brauchen immer mehr davon, um die gleiche Wirkung zu verspüren, und irgendwann wird der Körper ernsthaft geschädigt.

Ich persönlich möchte durch Skifahren und Snowboarden lieber meine Wertschätzung für die Schönheit und Freiheit des Daseins ausdrücken, statt den kurzen Adrenalinkick zu suchen, den mir der Flirt mit der Gefahr bringt. Vielleicht halten Sie das für Altersweisheit – aber das ist es nicht. Ich habe diese Einstellung von einem Zwanzigjährigen gelernt: Mein Freund Hans Rawat gehört beim Skateboardfahren, Surfen und Snowboarden zu den Besten, und er war der Erste, der mir erklärt hat, wie wichtig es ist, seine Grenzen zu erkennen und sie nicht zu überschreiten.

Eine Bemerkung zur Entwicklung der Snowboardtechnik und zum Freeboarding

Die Geschichte des Snowboardsports zeigt sehr deutlich, wie sich Material und Fahrtechnik entwickeln können. Anfangs gab es keine Bücher, keine Technik, keine Lehrer. Die Snowboardbegeisterten konnten *nur* durch eigene Erfahrung lernen. Inzwischen gibt es ganze Handbücher mit Vokabeln, Begriffen und Beschreibungen der Bewegungen und Sprünge. Außer Frontside- und Backside-Turns gibt es Sliding und Spinning, Bonking und Grinding, Spinning Frontside und

Spinning Backside. Es gibt Halfpipe-Tricks und Sprünge: Frontside Air, Lien Air, Slob Air, Stiffies, Backside Air, Mute Air und Indy Air. Wer wissen will, wie es sich anfühlt, das Board über dem Kopf zu haben, lernt Handplants und Aerial Flips. Vor allem die Ho-hos werden Ihnen Spaß machen.
Obwohl es fantasievolle Namen für all die Tricks gibt, ist – fast – nichts festgelegt. Wenn ein Trick schiefgeht, hat man vielleicht einen ganz neuen Trick erfunden. Mike Jacoby hat beim Versuch, einen Handplant zu lernen, das erfunden, was wir heute J-Tear nennen. Weil er nicht wusste, wie der Handplant funktioniert, fuhr er die vordere Wand der Halfpipe hinauf, flog kopfüber und drehte sich – 180° mehr als erwartet: ein 540 Backflip Handplant. Ein Freund nannte das Jacoby Tear und bald kannten es alle als J-Tear. Mittlerweile haben natürlich auch im Snowboardsport detaillierte Anleitungen und Kriterien Einzug gehalten, damit die Wertungsrichter genau wissen, worauf sie bei Wettbewerben achten müssen. Momentan haben Kriterien wie Aggressivität, Form, Flüssigkeit, Stil, Haltung und Körperbeherrschung Vorrang – Merkmale, an denen jeder Snowboarder auf jeder Leistungsstufe arbeiten kann.
Noch ist die Lernkurve für Snowboarden kürzer als für Skifahren. Der Sport ist in einer anhaltenden dynamischen Phase. Wenn Sie Snowboarden lernen wollen, dann fangen Sie jetzt an, bevor der Unterricht zu sehr formalisiert ist. Dann achten Sie nämlich wieder zu sehr darauf, alles richtig zu machen, statt einfach Spaß zu haben. Wenn das Pendel in Richtung Lehrmeinung und Formalismus schwingt, wird es vermutlich auch länger dauern, Snowboarden zu lernen.

Noch eine kleine Warnung zum Schluss: Mein Snowboard-Coach, Pat McNamara, hat mir erzählt, dass einige Skifahrer, denen er das Snowboarden beigebracht hat, ihre Skier zugunsten des Bretts an den Nagel gehängt haben.

NACHWORT: INNER GAME SKI UND WEITER

Wir haben in diesem Buch immer wieder davon gesprochen, dass Inner Game Ski nicht nur Ihr Skifahren verbessern, sondern sich auch auf Ihre Lebensqualität auswirken kann. Lassen Sie uns das noch einmal vertiefen. Wie viel wir auch immer über die Wirkung entspannter Konzentration und Begeisterung bei einem plötzlichen Leistungssprung lernen, Skifahren gibt uns nur einen flüchtigen Blick und eher indirekte Hinweise auf das, was wir längerfristig an Leistungssteigerungen erwarten dürfen. Eine solche Leistungsentwicklung beim Skifahren zeigt, dass wir einen Grad an Aufmerksamkeit erreichen können, der uns auch im täglichen Leben mehr Schönheit und Befriedigung verschafft.

Aber wie lange kann Skifahren diesen wunderbaren Zustand für uns aufrechterhalten? Selbst wenn wir an jedem Skitag mindestens eine Topabfahrt schaffen, kommt der Moment, wo wir unsere Skier abschnallen und in den Alltag zurückkehren. Wie können wir uns die Lebendigkeit dieser Erfahrung bewahren, ohne dass sie in der Routine unserer alltäglichen Gedanken und Verhaltensweisen verblasst? Wie holen wir die Klarheit der Aufmerksamkeit zurück, wenn die Freude am Skifahren unser Selbst 1 nicht mehr beruhigt?

In uns allen gibt es diesen Berg ohne Fuß und ohne Gipfel. Das perfekte Gelände zum Skifahren. Der Schnee besteht aus reinem Frieden und es gibt keine Spur von Störungen durch Selbst 1. Der Sessellift ist immer frei und bringt Sie so weit und so hoch, wie Sie gerade möchten. Wenn Sie hier „Ski fahren", wird Ihre menschliche Sehnsucht nach Selbsterkenntnis und dem Sinn Ihres Lebens gestillt. Dieser Platz des perfekten Friedens war schon immer in uns, bereit dafür, dass wir ihn finden. Doch finden können ihn nur diejenigen, die erkennen, wie begrenzt die Suche im Äußeren ist.

Dieser Berg ist Ihr wahres Selbst. Wenn Sie dort mit stetiger Aufmerksamkeit Ski fahren, schwächen Sie die Macht von Selbst 1. Sein Versuch, uns einzureden, wir seien getrennt und allein, ist zum Scheitern verurteilt. Skifahren in dieser inneren Landschaft führt uns zur Quelle von Liebe und Frieden. Jenseits der Grenzen von Selbst 1 wird es möglich, in einer sich verändernden Welt zu leben und den eigenen wahren Kern, der sich niemals ändert, zu erkennen.

ÜBER DIE AUTOREN

Timothy Gallwey wurde 1938 in San Francisco geboren. Sein internationaler Bestseller *Inner Game of Tennis* (Erstausgabe 1974) stellte ganz neue Prinzipien und Methoden des Lernens und Coachens vor. Sie werden seither in Wirtschaft, Gesundheitswesen, Ausbildung und Sport eingesetzt.
Tim Gallwey ist in vielerlei Hinsicht ein Pate der heutigen Coaching-Bewegung. Als Pionier der Sportpsychologie und Verfasser etlicher Bücher zu diesem Thema hat er es geschafft, den Inner Game-Ansatz auch in der Wirtschaft zu etablieren. In vielen Unternehmen spielt Inner Game eine wichtige Rolle bei Veränderungsprozessen.
Die Erkenntnisse aus seiner Arbeit mit Unternehmen hat Gallwey in seinem Buch *Inner Game Coaching – Warum Erfahrungen der beste Lehrmeister sind* (allesimfluss-Verlag, 2010, Original: *Inner Game of Work*, Random House, 1999) niedergelegt. Kontakt: www.theinnergame.com

Der *U.S. News and World Report* nannte **Dr. Robert Kriegel** eine der führenden Autoritäten des Landes in Sachen „Change" und „Human Performance". Er ist Bestseller-Autor und arbeitet für die *New York Times*.
Als ehemaliger Vorzeigeathlet ist Kriegel ein Pionier auf dem Gebiet der Sportpsychologie und hat sowohl Olympiateilnehmer als auch Profisportler betreut. Dr. Kriegel hat im Executive Management Programm der Universität Stanford gelehrt und war Mitglied des California Governor's Council. Zu seinen Büchern gehören: „If It Ain't Broke ... Break It!" (1992) und „Das letzte Muh der heiligen Kuh" (Sacred Cows Make the Best Burgers (1997)).